CW01641986

ŚWIADOMOŚĆ

„MĄDROŚĆ”
V stopień (etap II)
część 2

Ta książka nauczy Cię zmieniać świat
siłą świadomości

Dimitri Wereszczagin

ŚWIADOMOŚĆ

System dalszego rozwoju energoinformacyjnego

„MĄDROŚĆ"

V stopień (etap II)

część 2

KOS

Wydawnictwo KOS

KATOWICE 2008

Tytuł oryginału:
Мудрость: Система навыков дальнейшего энергоинформационного развития, V ступень, второй этап, часть 2

Tłumaczenie z języka rosyjskiego: **Alina Skoneczna**

Projekt okładki: **Marek Ciesielczyk**

Korekta: **Mariusz Grygierczyk**

Typografia i łamanie: **Ryszard Liebich – Wydawnictwo KOS**

All rights reserved

Wszystkie prawa, w szczególności do powielania i rozpowszechniania treści książki, są zastrzeżone. Żadna część tej książki nie może zostać reprodukowana w jakiejkolwiek formie (kopiowanie, mikrofilmowanie itd.) ani zostać zapisana w pamięci komputera, przeredagowana, powielona lub rozpowszechniona z użyciem systemów elektronicznych bez pisemnej zgody Wydawnictwa.

Kiedy nasza myśl stanowi część poznania świata, upodobniamy się do twórcy mogącego tworzyć nowe realia. Niematerialna myśl może uruchomić w pełni realne, materialne procesy.

Myśl człowieka, jako część jednej myśli Boga, może oddziaływać na zdarzenia niebezpośrednio, będąc odwrotną stroną jakiegokolwiek fizycznego procesu. Myśl może wpływać na kolektywną realność człowieczeństwa, tworząc w ten sposób nowe ukierunkowania w rozwoju ludzkiej realności i wymuszając ułożenie przebiegu zdarzeń następujących w życiu człowieka w żądany porządek.

Ale po to, aby tworzyć myśl, trzeba znać niektóre zasady. Nowe wskazówki Autora pomogą Czytelnikom zrozumieć techniki, które wyzwalają twórcze siły ukryte w myślach.

Copyright © Д. Верищагин, 2002
Copyright © Издательство «Невский проспект», 2004
Copyright © for the Polish edition by Wydawnictwo KOS, 2008

ISBN 978-83-60528-61-7

Wydawnictwo KOS
ul. Agnieszki 13
40-110 Katowice
tel./faks (032) 258-40-45, (032) 258-27-20, (032) 254-02-73
tel. (032) 258-26-48
e-mail: kos@kos.com.pl
http://www.kos.com.pl

Druk i oprawa: TRIADAPRESS, 40-322 Katowice, ul. Wandy 16 k, tel. (032) 2541-790
e-mail: biuro@triadapress.com.pl, piotr.kapa@triadapress.com.pl, www.triadapress.com.pl

POUCZENIE NA DROGĘ

Czytając tę książkę, uzyskacie możliwość zmiany swego życia przez wejście na nowy poziom ewolucji. Przyniesie ona zrozumienie prawdziwej przyczyny zdrowia, choroby, ludzkich zachowań i kolei losu.

Uwolnicie się od wpływu wielkich pasożytów energoinformacyjnych manipulujących ludźmi i popychających ich ku autodestrukcji. Pamiętajcie, by nie krzywdzić istot znajdujących się na niższym poziomie rozwoju. Okażcie troskliwość, pomóżcie im.

Dla Was stanie się możliwe to, co dla innych, zwykłych ludzi jest nieosiągalne. Nie trwońcie swoich sił, nie marnujcie możliwości w pogoni za marnością tego świata. Przed Wami wielki cel – odkrycie nowego świata i poszukiwanie w nim miejsca dla siebie.

Uzyskacie zdolność uzdrawiania. Wykorzystajcie ten dar w zbożnym celu. Pomagajcie bezinteresownie.

Wasza dusza się wzmocni, będziecie mogli poprowadzić za sobą innych. Przynieście im światło i radość, a nie ciemność i ból.

Nie będziecie już zależni od karmy i chorób karmicznych. Pomóżcie to samo osiągnąć innym ludziom.

Będziecie w posiadaniu prawdziwego narzędzia zmiany świata – wiary. Niech w dobrej sprawie służy nie tylko Wam.

Aby przejść całą drogę, prawdopodobnie będziecie potrzebować pomocy. Szukajcie jej pośród takich jak Wy wędrowców. Spróbujcie rozpoznać się w tłumie, uczcie się wzajemnie od siebie i pamiętajcie o sobie.

Osiągając kolejny stopień rozwoju, staniecie się częścią nowej wspólnoty energetycznej wolnych ludzi. Wspierajcie się nawzajem. Pamiętajcie o sobie, wzmacniajcie się wzajemnie – cena wolności jest wysoka i czasem ponad siły pojedynczego człowieka.

Pamiętajcie o nas, którzy jako pierwsi przeszliśmy do nowego świata. Ogniskujemy dla Was nową wspólnotę energetyczną. Zwracajcie się do nas w trudnych chwilach, a my Wam pomożemy. Nie milczcie też w chwilach pomyślnych, a wtedy będziemy w stanie pomóc milionom innych ludzi. Śmierć nie istnieje. Odpowiemy z tamtej strony.

Spróbujcie odczuć związek ze mną, autorem tych słów. Czekam na to. Proście o pomoc i pomagajcie również mnie.

Dodajcie do światła nowej wspólnoty energetycznej także swoje promienie.

Stwórzcie nową, wolną ludzkość. Zasługujecie na to.

ROZDZIAŁ 1.

MYŚL ZMIENIAJĄCA ŚWIAT

OD CHAOSU DO TWORZENIA

W ramach piątego stopnia DEIR pozostało nam jeszcze opanowanie informacyjnych technik aktywnych myśli. Teraz się tym zajmiemy. Najpierw jednak, jak zwykle, krótkie streszczenie tego, co zawiera rozdział.

Żyjemy w świecie rozwijającym się wedle określonych praw. Na początku był chaos. Potem z chaosu powstał świat. To oznacza, że w chaosie pojawił się element porządku. Następnie ten porządek stawał się coraz bardziej złożony, zaczął się rozwijać, osiągać nowe poziomy.

Od tej pory cały nasz świat, a wraz z nim, naturalnie, także człowiek, rozwijają się właśnie według tego schematu.

Dlatego gdy mamy odpowiedzieć na pytanie, jak i co możemy tworzyć w naszym świecie, jakie nowe drogi torować i w jaki sposób to robić, powinniśmy przede wszystkim uświadomić sobie prawo rządzące rozwojem świata: od chaosu – do wciąż nowych poziomów porządku.

Człowiek tworzy z prostych materialnych rzeczy uporządkowanych w określony sposób nowe poziomy porządku – znaczeniowe. W jaki sposób powstają te poziomy? Burzymy bardziej przyziemne, pospolite poziomy, aby wydobyć z nich energię do tworzenia bardziej złożonego porządku. Podam przykład. Palimy drewno (niszcząc je i tworząc chaos w miejsce starego układu), aby przygotować jedzenie, czyli stworzyć nowy uporządkowany obiekt po to, by później go zniszczyć – zjeść posiłek, czyli znowu przekształcić porządek w chaos. Jednak dzięki energii uzyskanej ze zniszczenia (zjadania) pożywienia możemy stworzyć porządek w swoim ciele i zrealizować przy pomocy ciała twórcze działanie (zbudować dom, napisać wiersz) – to znaczy stworzyć porządek wyższego rzędu.

Gdy człowiek zachowuje się właśnie w ten sposób – burząc porządki niższego, tworzy porządki wyższego poziomu – wpisuje się tym samym w prawa, reguły świata, idzie po drodze rozwoju Świata i jego świadomości – inaczej: Boga – dlatego doświadcza pozytywnych emocji i nie niszczy, ale tworzy sam siebie.

Gdy człowiek ogranicza się tylko do burzenia, nie tworząc jednak, w miejsce zburzonego, porządku wyższego poziomu, występuje przeciw samemu sobie jako części Świata i Boga – dlatego doświadcza negatywnych emocji, niszczy samego siebie – i cierpi z tego powodu.

Zniszczenie, burzenie jest tym, co bardzo często nazywamy złem. Tworzenie jest tym, co zwykle nazywamy dobrem. Nie unikniemy zła w naszym świecie, ponieważ niemożliwe jest stworzenie nowego bez niszczenia starego, jednak za burzeniem zawsze koniecznie powinno postępować tworzenie – przy czym to tworzenie powinno dotyczyć porządku wyższego poziomu w porównaniu z tym, który został zburzony. Oczywiście, wyższe czy niższe poziomy – to pojęcia umowne i najczęściej dotyczą osobistego rozwoju człowieka. Gdy tak działamy, sprzyjamy ewolucji świata i sami też ewoluujemy, doskonalimy się, tj. powodujemy, że nasza świadomość staje się bardziej złożona i subtelna, a to przynosi nam radość. Oto dlaczego tworzenie dobra jest niezbędne – z przyczyn czysto racjonalnych

– żeby samemu czuć się dobrze. Moralność, etyka, normy postępowania nie mają tu nic do rzeczy – tworzenie nowego jest korzystne i usprawiedliwione z punktu widzenia obiektywnych praw naszego świata.

Świat rozwija się od prostego do złożonego. Nasza świadomość – też. Aby rozwijać świadomość, powinniśmy także w tym kierunku zmieniać świat zewnętrzny – od prostego do złożonego. Tylko w ten sposób zmieniamy swoją świadomość, tworzącą jedną całość ze światem.

Nie można przy tym stać się głosicielem dobra, który bez ogródek odrzuca zło. W świecie istnieje **prawo entropii** – zniszczenia świata, gdy świat ten nie jest stale doładowywany energią. Przed tym zniszczeniem nie ma ucieczki, nie możemy znieść prawa entropii. Jednak możemy nauczyć się je wykorzystywać – wydobywać energię ze zniszczenia bardziej pospolitych, prostych, przyziemnych porządków w celu stworzenia porządków wyższego poziomu. Nie ma innej drogi. Nie ma tworzenia na pustym miejscu. Po to, aby coś stworzyć, trzeba wyzwolić energię zamkniętą w bardziej pospolitym, prostym porządku.

Tworzenie świata – to jednocześnie jego pojmowanie, zrozumienie, przenikanie. Aby stworzyć coś nowego, wyrastającego ponad poziom własnej organizacji, trzeba zrozumieć, przeniknąć prawa tego nowego poziomu. Nasz świat jest swego rodzaju układem znaków – to język, tekst, który dopiero zaczynamy rozumieć. Podobnie jak dziecko nie rozumie Dostojewskiego, tak i my nie rozumiemy wszystkich sensów założonych w tekście, który nazywamy naszym światem. Nie można do końca poznać świata – przyjdzie stworzyć go cały w świadomości, ale im dalej posuwamy się po drodze poznania od prostego do złożonego, tym głębsze sensy tego tekstu stają przed nami otworem.

W realności świata istnieją uporządkowania najwyższych poziomów. Przeznaczeniem człowieka jest wędrówka po drodze coraz większego ogarniania i rozumienia. By tak się działo, musimy rozwijać – od prostego do złożonego – świadomość i w twórczych procesach swojego życia zbliżać się do uporządkowania realności.

Gdy nasza myśl staje się częścią świadomości świata (a nie może się nią nie stawać – przecież sam człowiek jest częścią świadomości świata), upodabniamy się do twórcy mogącego tworzyć nowe realności. Niematerialna myśl może wprawić w ruch w pełni realistyczne procesy. Jednak aby tworzyć myślą, należy znać pewne prawidłowości. Nie można stworzyć tego, co obiektywnie powstać nie może (nic nie powstaje z niczego, nie materializuje się z powietrza; żeby coś powstało, coś innego powinno zniknąć). Niemożliwa jest zmiana tego, co już zaistniało, ujawniło się i zostało silnie utrwalone w materialnej realności (np. zmusić napis do zniknięcia czy zrobić tak, by żona, która odeszła od męża, w rzeczywistości od niego nie odchodziła). Jednak myśl może pokazać prawdopodobnemu wydarzeniu drogę do jego pojawienia się w życiu. Cuda – tak jak je rozumieją ludzie, nie istnieją. A mimo wszystko, cuda są możliwe – jeśli postrzegać je jako prawdopodobieństwo tego, co może się zdarzyć nawet wtedy, gdy szanse na to oscylują w granicach jednej milionowej procenta. Aby dokonać takiego cudu, trzeba przestrzegać kilku warunków: konieczności posiadania energii do tworzenia, konieczności uwzględniania, respektowania siły oraz tworzenia siły i kierunku oddziaływania, konieczności uwzględnienia logiki i praw świata.

ŚWIAT, W KTÓRYM ŻYJEMY

Czym jest nasz świat? W jaki sposób myśl może na niego wpływać? Co myśl może, a czego nie może? Jakie prawidłowości biorą w tym udział i jaką odgrywają rolę? Jakich praw należy przestrzegać? Jaki wpływ ma myśl na tworzenie świata? Kto stoi za naszym światem? Dlaczego w ogóle możemy tworzyć?

Jak widzicie, pytań jest multum. Razem postaramy się znaleźć na nie odpowiedzi i nauczyć się wykorzystywać najbardziej magiczną broń, którą podarowała nam przyroda – nasze myśli.

Musimy zrozumieć, jaki jest tak naprawdę otaczający nas świat. Jakimi prawidłowościami się kieruje i gdzie w nim kryje się wyższa świadomość. Czym jest dobro i zło. Dlaczego ludzka myśl może tworzyć, uczestnicząc we wciąż trwającym procesie tworzenia świata.

Poprzedni rozdział (tj. ostatni rozdział pierwszej części tej książki) wydawał się być niełatwy – przecież człowiek nie przywykł myśleć o własnych emocjach jak o narzędziu, które można zastosować w twórczości. Czasem mogliśmy mieć trudności z konstrukcjami gramatycznymi, by objaśnić swoją myśl – ponieważ są one zupełnie nowe, ponieważ jest ich za mało w języku. Możliwe, że teraz też myśl będzie wydawać się trudna, ale to szybko minie.

Temat obecnie przez nas rozpatrywany też nie jest łatwy. Będziemy przecież mówić o tym, jak myśl może tworzyć, uczestniczyć w powstaniu harmonii świata – tam, gdzie jest harmonia wniesiona przez Boga. Nie będziemy mówić o religii czy religijności, ponieważ, według mnie, istnienie świadomości łączącej świat jest bezsporne i z łatwością potwierdza to zwykła logika. Podstawowa trudność naszej rozmowy – naszego tematu polega na tym, żeby zrozumieć: nie ma potrzeby iść daleko, ku na wpół istniejącym, na wpół wymyślonym „subtelnym światom", żeby zauważyć oddziaływanie na nas wyższej świadomości. Jej przejawy tak trudno dostrzec, ponieważ zbyt się do nich przyzwyczailiśmy. Wyższa świadomość jest wokół nas.

Powinniśmy zacząć od najważniejszej kwestii – od otaczającego świata. To świat pełen cudów i najgłębszych wewnętrznych prawidłowości, na które zwykle nie zwracamy uwagi właśnie dlatego, że są wszędzie.

Niestety, percepcja człowieka jest ograniczona ramami kultury, którą zresztą sam stworzył. Ale przecież kultura ta jest ograniczona z definicji! A postrzeganie nie ma granic.

Ludzka percepcja jest antropomorficzna. Oznacza to, że objaśniamy świat na swój sposób, tak jak nam najwygodniej, jak najbardziej zrozumiale, za punkt wyjścia przyjmując ludzką naturę. Wyjaśniamy świat w taki sposób, jakby cały posiadał taką samą naturę jak człowiek. Absolutnie nie chcemy przyznać, że istnieją rzeczy o bardziej złożonej strukturze, których nie odczuwamy naszymi pięcioma narządami zmysłów, które są poza tym wszystkim, co porównać można z ludzką naturą, i które są podporządkowane zupełnie innej logice. Wyjaśniając świat, za punkt wyjścia obieramy swoje wyobrażenia o nim – a przecież istnieje on w zupełnie innym systemie wyobrażeń. Zachodzi mniej więcej to samo, co dziać się może wtedy, gdy pies, nieznający innych wyobrażeń o świecie oprócz swoich – psich, zacząłby wyjaśniać zachowanie człowieka, za punkt wyjścia obierając psią logikę. Człowiek radośnie i gwałtownie wita gościa – a psu obserwującemu te gwałtowne emocje wydaje się, że gospodarzowi grozi niebezpieczeństwo. Wtedy pies rzuca się na gościa. Człowiek smuci się, gdyż jest nieszczęśliwie zakochany, a pies pojmuje to jako przejaw głodu i przynosi gospodarzowi kostkę cukru.

Proszę się nie śmiać – ale ludzie właśnie tak – w sposób przyziemny i prymitywny reagują na przejawy świata wewnętrznego, ponieważ z definicji nie mogą zrozumieć prawdziwych przyczyn oraz prawidłowości tych zjawisk i objaśniają je na swój sposób.

Staramy się zrozumieć świat, wychodząc z naszego systemu postrzegania. Wszystkie religie, mity, legendy wyrażają takie właśnie ludzkie postrzeganie świata we wszystkich jego przejawach, włączając w to także przejawy wyższe.

Człowiekowi wygodnie jest sądzić, że Bóg wygląda tak samo jak człowiek – oto przykład antropomorficznego postrzegania świata. Człowiek „uczłowiecza" wszystko, co postrzega wokół siebie, choć czasami w tym postrzeganym jest, na dobrą sprawę, bardzo mało czegoś ludzkiego.

Jednak nie można powiedzieć, że religie, mity i legendy są zupełnie pozbawione prawdy. Jest w nich trochę prawdy, a trochę nie. Tak, nawet w tak zniekształconym postrzeganiu realności, jakie zawiera się w religiach, mitach i legendach, jest ziarenko prawdy. A nasze zadanie polega na tym, żebyśmy z morza bajd i zmyślenia umieli wyłowić te ziarna – to, co jest dostępne logice i co można bezpośrednio doświadczalnie sprawdzić.

Aby pojąć ten prawdziwy, a nie wymyślony przez nas świat, potrzebny jest obiektywny system postrzegania. Aby tak się stało, powinniśmy najpierw zrozumieć ograniczoność naszych możliwości. A potem zrozumieć, ogarnąć świat takim, jaki jest, a nie jakim człowiek przyzwyczaił się go postrzegać.

Porządek i chaos

Na cały nasz świat składają się przejawy porządku i chaosu, jak to już wyjaśnialiśmy na piątym stopniu DEIR. Samo nasze życie zależy od tych przejawów, dlatego że jesteśmy w stanie zrozumieć porządek, ale niezdolni jesteśmy do zrozumienia chaosu. Dążymy do uporządkowania zdarzeń wokół, gdyż to pozwoli nam planować swoje życie. Jednak nasze plany burzą przejawy chaosu, nieoczekiwane zdarzenia, zupełna przypadkowość. Mnóstwo jest przykładów na to, jak to człowiek przemyślał wszystko w najmniejszym szczególe, dokładnie zaplanował osiągnięcie celu, określił termin jego realizacji – i wydawać by się mogło,. że niczego nie przeoczył i że nic nie może mu przeszkodzić. A jednak nie – najbardziej nieprzyjemne przypadki zdarzają się tam, gdzie nikt ich nie oczekiwał, gdzie po prostu nie mogłyby powstać – i wszystko psują. Pniecie się po szczeblach kariery, jesteście już blisko celu, pozostało tylko jedno ważne, decydujące spotkanie, nowe, prestiżowe stanowisko macie w zasięgu ręki – ale właśnie w tym momencie odwiedza was kuzynka, z którą nie widzieliście się wiele lat i, niestety, w tym też momencie spada ze schodów i łamie sobie obie nogi. Teraz musicie zaopiekować się nią, wezwać karetkę, jechać do szpitala – i już po wszystkim – najważniejsze życiowe spotkanie spaliło na panewce, a wraz z tym przepadło wymarzone stanowisko. Albo: postanowiliście kupić dom, już ustaliliście wszystko z właścicielem. Czujecie przedsmak szczęścia: dom podoba się w każdym calu, o takim właśnie gniazdku marzyliście całe życie. I oto jedziecie, by go kupić, ale nagle w drodze Was okradają – kradną wszystkie z wielkim trudem zaoszczędzone pieniądze. Urzeczywistnienie cudownego marzenia odwleka się na całe lata, upragniony dom dostaje się w inne ręce. Tak oto chaos od czasu do czasu wkracza w Wasze plany, burząc je w najbardziej niespodziewany sposób.

Porządek jest zrozumiały, chaos – nie. Oznacza to, że zawsze możecie przewidzieć, jak będą przebiegać zdarzenia, gdy rozwijają się według wcześniej ustalonego porządku. Nigdy nie jesteście w stanie przepowiedzieć, czy zanosi się na wkroczenie chaosu w porządek, i – jeśli tak – jakie ono będzie. Chaos i porządek to podstawowe pojęcia, które powinniśmy sobie uświadomić i opanować. Otaczają nas zewsząd. Postaramy się jeszcze raz przeanalizować je na poziomie dla nas dostępnym, nie zapuszczając się w gęstwinę pojęć naukowych.

Co to jest porządek? Porządek – to takie następstwo zdarzeń, dla którego można wyprowadzić jednolitą prawidłowość. Przejawy porządku znamy – kolejność pór roku, cyklów słonecznych, rozkład liter w alfabecie, prosty rysunek muru z cegły. Wszystkie te rzeczy istnieją w zgodzie z określoną prawidłowością. Jest określona prawidłowość w ułożeniu cegieł, w zmianie pór roku. Zgodnie z tą prawidłowością możemy z pewnością stwierdzić, że po wiośnie przyjdzie lato, a nie odwrotnie, że cegły w murze niezmiennie będą układane poziomo, jak szachy, a nie będą sterczeć pionowo.

Jednym słowem, najprostszy przykład porządku – to swego rodzaju monotonia. A ściślej rzecz biorąc, to jedna monotonia na tle drugiej, ponieważ każdy porządek składa się z co najmniej dwóch elementów. Jednakowe cegły – to pierwszy monotonny element, jednakowe ich ułożenie – to drugi monotonny element. Istnieją porządki wyższego poziomu, tzn. składające się z większej ilości elementów. Podam przykład. Przed nami leży plik kartek – na jednych są napisane liczebniki, na drugich – przymiotniki (do tego w różnych językach). Możemy rozłożyć je tak, że przymiotniki będą następować kolejno po liczebnikach; możemy też na jedną kupkę ułożyć liczebniki, a na drugą – przymiotniki. W tym porządku wy-

Rys. 1. Najprostszy porządek – dwa elementy – przechodzi w bardziej złożony... aż zostanie stworzony jeden równomierny element.

różniamy minimum trzy elementy – dwa rodzaje kartek i sposób ich ułożenia.

Przed chwilą rozpatrywaliśmy przykłady dotyczące porządku materialnego. Jest to widzialny, jawny, łatwo wykrywalny, czysto fizyczny porządek. Istnieje również porządek wyższego poziomu – porządek znaczeniowy, wynikający z sensu. Nie odkryjemy go jednak, jeśli zechcemy mierzyć miarą fizyczności. Niemożliwe jest np. „okiem nieuzbrojonym" odkrycie porządku w kolejności liter w alfabecie lub w ich ilości. Niemożliwe jest odkrycie materialnego porządku w strukturze języka. Jednak to oczywiste, że porządek ten istnieje i zaprzeczenie temu nic nie zmieni. Jest to porządek wyższego poziomu – znaczeniowy. Jeśli nie znamy języka obcego, nie znajdziemy w nim porządku. Bez rozumienia sensu, za pomocą czysto formalnych metod porządku nie odkryjemy. Zatem pełna definicja słowa „porządek" powinna uwzględniać fakt, że porządek bywa zarówno materialny, jak i znaczeniowy.

Dlatego proponujemy następujące określenie tego słowa: porządek – to taka kolejność zdarzeń, dla której można wyprowadzić jednolitą prawidłowość odnośnie określonego układu kluczy. Układ kluczy – to określony układ prawidłowości, jak np. zasady języka. Oznacza to, że należy mieć określony dostęp do kluczy, tj. rozumieć prawidłowości istnienia takiego czy innego porządku, by móc określić zasadę, według której zbudowany jest ten porządek. Podam przykład. Macie przed sobą rząd liczb, na pierwszy rzut oka rozłożonych w sposób chaotyczny, i musicie odszukać prawidłowość rządzącą ich ułożeniem – tj. znaleźć ten porządek, według którego zostały ułożone. Jeśli macie dostęp do klucza – to znaczy nie zapomnieliście matematyki, którą mieliście w szkole, pamiętacie o istnieniu tzw. liczb pierwszych dzielących się tylko przez jeden i przez siebie oraz możecie określić, że w danym zestawie liczby pierwsze z określoną regularnością przeplatają się z innymi liczbami. Wtedy wykrywacie prawidłowość rządzącą tym porządkiem liczb. Jeśli zupełnie nie pamiętacie już szkolnej matematyki i słabo kojarzycie, nie odkryjecie prawidłowości tego porządku.

Dzięki takiej definicji porządku wszystko stanie się jasne! Następstwo tego – bardzo ważne – stanie się oczywiste, gdy określimy już pojęcie chaosu.

Chaos – to taka kolejność zdarzeń, dla której nie można wyprowadzić prawidłowości. To przypadkowe połączenie nieskończonej ilości wariantów w czystej postaci. A jeśli zapytacie, czy istnieje chaos absolutny? Taki, który nie ukrywa żadnej regularności?

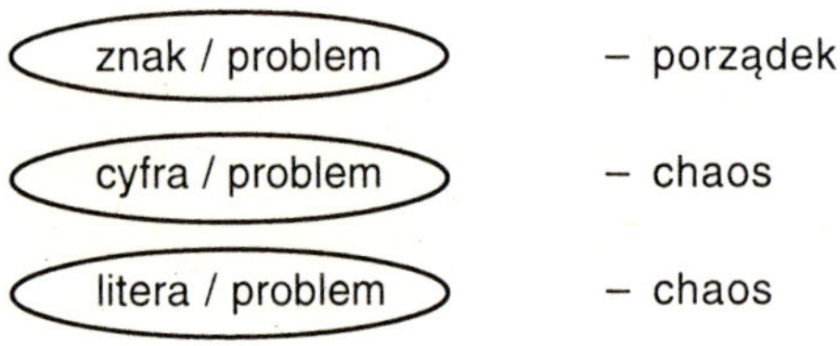

1 δ z 0 Δ u a 15zsw

Rys. 2. Ta kolejność znaków przy innych sposobach analizy wydaje się chaotyczna. A może będzie tak? 1 – tata, δ – Basi, z – jest, 0 – dobry, Δ – z, u – matematyki... Albo tak: dowolna cyfra – 1, dowolna litera – 0: 1010101010101... Porządek ujawnia się dzięki kluczowi.

Wróćmy do przykładu z porządkiem materialnym (gdzie były karteczki z liczebnikami i przymiotnikami): gdy wymieszalibyśmy wszystkie karteczki, zniknęłoby uporządkowanie między liczebnikami i przymiotnikami. Jednak zostałoby inne uporządkowanie: przecież zarówno liczebniki, jak i przymiotniki w danym przypadku należą do jednej kategorii – są to słowa. I możemy rozłożyć karteczki według słów w określonym porządku. Uporządkowanie będzie zachowane. Nawet jeśli przetniemy kartki tak, że słowa znikną i pozostaną tylko litery, możemy zachować porządek – porządek liter. Jeśli rozerwiemy karteczki na drobne kawałki tak, że znikną słowa i litery, wtedy też można zachować uporządkowanie – uporządkowanie jednego z poziomów, np. rozkładamy papierki w określonym porządku: papierek – puste miejsce – papierek – puste miejsce. Zachowany zostaje przynajmniej jeden poziom uporządkowania – polegający na dowolnej kolejności przedmiotów.

A jeśli analizowalibyśmy całkowicie przypadkową kolejność upadku cząstek kosmicznych na iluminator stacji „Mir" – to, mimo wszystko, otrzymalibyśmy minimum jeden poziom uporządkowania: jest cząstka – brak cząstki – cząstka – brak cząstki... Dlatego będziemy musieli dokonać korekty w określeniu chaosu: chaos – to taka kolejność zdarzeń, dla której nie można wyprowadzić jednolitej prawidłowości odnośnie danego systemu kluczy. Dla chaosu absolutnego nie można stworzyć, na żadnym poziomie, takiego jednolitego systemu kluczy. I ta definicja wszystko wyjaśnia. Jakie ważne wnioski możemy wyprowadzić z tych definicji?

Wniosek numer 1: porządek jest rzeczą względną. Zależy od systemu kluczy.

Człowiek znający tylko jeden język nie odkryje porządku w naszym przykładzie ze słowami pochodzącymi z różnych języków obcych (przecież kolejność: liczebniki – przymiotniki będzie postrzegać jako nieporządek, bałagan z wymieszanymi niezrozumiałymi karteczkami).

Wniosek numer 2: im wyższy jest poziom uporządkowania, tj. im bardziej złożone prawidłowości nim rządzą, tym bardziej przypomina chaos podczas analizy z zastosowaniem kluczy do prostszego poziomu.

W przypadku z zestawem liczb – liczby pierwsze są przemieszane w określonym porządku z liczbami rosnącymi w szeregu arytmetycznym – jednak człowiek nieznający nie tylko liczb pierwszych, ale także szeregu arytmetycznego stwierdzi, że w tym zestawie liczb nie ma żadnego porządku, jest tylko chaos. Natomiast jeśli dostałby zadanie – taką kolejność liczb, gdzie każda następna liczba rośnie o jeden w stosunku do poprzedniej, podszedłby do tego zadania z dostępnym dla siebie zestawem kluczy i odkryłby prawidłowość. Jednak w przypadku bardziej złożonego zestawu liczb ten dostępny dla niego zestaw kluczy nie pracuje, nie przyda się.

W przykładzie ze słowami na karteczkach założymy, że zebrano tam słowa w dziesięciu językach świata, także w języku chińskim, hindi i sanskrypcie. Dodatkowo jeszcze przemieszano czasowniki z przymiotnikami, rzeczownikami i zaimkami. Człowiek nieznający języków obcych nie dostrzega porządku w takim zestawie – ponieważ klucze, dostępne dla niego (wiedza na temat gramatyki przynajmniej jednego języka) nie pracują i nie umożliwiają wyjaśnienia prawidłowości.

Wniosek numer 3: Rozwój, poszerzenie i uzupełnienie systemu kluczy przez nowe, adekwatne do analizowanej kolejności elementy, otwiera przed nami możliwości odkrycia nowego poziomu uporządkowania w chaosie. Oto przykład. Do dostępnego dla nas systemu kluczy dodaliśmy nowe: nauczyliśmy się chińskiego i hindi. Teraz już zaczynamy rozumieć, że w układzie karteczek jest jednak jakiś sens, i nawet zaczynamy domyślać się, na czym on polega... Nauczymy się jeszcze sanskrpytu i będziemy już wszystko rozumieć.

Wniosek numer 4: To, co nazywamy chaosem, w rzeczywistości stanowi przeplatanie porządków kilku poziomów. Po prostu uporządkowanie jednego poziomu jest zakłócane przez wtargnięcie do niego procesów innego uporządkowania. Wtedy tworzy się chaos. Gdy np. mówi jeden człowiek a jego wypowiedź jest logiczna i konsekwentna, słuchacze wszystko rozumieją. Gdy rozmawia dwoje ludzi i między nimi powstaje dialog, tzn. jeden zadaje pytania, a drugi odpowiada, wypowiedź jednego staje się logiczną kontynuacją wypowiedzi pierwszego i słuchacze też wszystko rozumieją. Teraz przypuśćmy, że dwoje ludzi mówi równocześnie, nie słuchając się nawzajem; wypowiedź każdego z nich nie jest przypadkowym zbiorem dźwięków – to mowa logiczna, uporządkowana. Jednak gdy jeden porządek przeplata się z innym, oba sobie przeszkadzają i słuchacze niczego nie rozumieją, postrzegając wypowiedź jako chaos. Inny przykład: karteczki ze słowami są przemieszane ze zwykłymi kartami do gry, też ułożonymi według określonego porządku, a dodatkowo do nich dodano karteczki ze słowami w języku istot pozaziemskich – w całości układ nie jest już postrzegany jako uporządkowany, to po prostu góra byle jak przemieszanych różnorodnych przedmiotów i nic ponadto.

Wniosek numer 5: Absolutny chaos w naszym świecie spotyka się jeszcze rzadziej niż zęby u kury. Powiem więcej – ponieważ wszystkie procesy przyrody poddają się naturalnym rytmom, to znaczy są uporządkowane, a zdarzenia wdzierające się do tego porządku i rozwijające go są także uwarunkowane przez naturalne przyczyny (które posiadają swoją logikę, a zatem także uporządkowanie), to prawdopodobnie absolutnego chaosu nie ma w ogóle. Można go rozpatrywać jako tendencję zakłócającą porządek określonego poziomu. Mówiliśmy już o tym, że choćbyśmy nie wiem jak zwiększali ilość chaosu, zawsze pozostaną jakieś elementy porządku w tym, co otrzymamy. Postanowiliśmy np. zburzyć stary dom, czyli, wydawałoby się, zmienić porządek w chaos. Z pewnością jednak domu nie będziemy burzyć chaotycznie – pewnie zaczniemy od dachu – rozbierzemy go, następnie przystąpimy do rozbiórki ścian itd. A to oznacza, że nawet sam proces burzenia, niszczenia, destrukcji będzie poddany określonemu porządkowi. Powiecie zapewne: a co z trzęsieniami ziemi i innymi kataklizmami, przecież w tym przypadku mamy do czynienia z zupełnym chaosem! Ale nie – i tu możemy dopatrzyć się elementów porządku: domy z cegły walą się w stos, tj. nie ma wewnątrz nich pustki; domy panelowe składają się jak domki z kart, a wewnątrz zostają puste miejsca, w których ludzie mogą przeżyć; nie wszędzie i nie zawsze domy ulegają zniszczeniu, a tylko tam, gdzie wstrząsy osiągnęły określony stopień, gdzie nie przestrzegano norm budowlanych w terenie narażonym na ruchy sejsmiczne itd. – to znaczy, że tu także można wytropić określone prawidłowości.

Wniosek numer 6: w każdym następstwie zdarzeń, chaotycznych lub uwarunkowanych dostatecznie wysokim poziomem uporządkowania, analiza z pomocą prostego systemu kluczy umożliwia wyjawienie działania uporządkowania prostego poziomu. Sukces jest tym większy, im większa jest różnica między złożonością kolejności zdarzeń a złożonością systemu kluczy. Innymi słowy – im bardziej złożona kolejność zdarzeń i prostszy system kluczy, za pomocą którego próbujemy odkryć prawidłowość – tym łatwiej nam określić tę prawidłowość w chaosie. Dzieje się tak dlatego, że w chaosie nie może być prawidłowości wysokiego poziomu rozpoznawalnych wyłącznie przy pomocy złożonego systemu kluczy. Podam przykład. Trudno sobie wyobrazić, by w podczas trzęsienia ziemi zburzone zostały domy, których numery odpowiadają liczbom pierwszym. To byłaby bardzo złożona prawidłowość. W chaosie zawsze powinno się szukać jak najprostszej prawidłowości. W dowolnym następstwie liczb, np. od 1 do 10, łatwo znaleźć kolejność 1 – 2 – 3 – tylko nie pod rząd, a jeśli czekać, gdy po 1 wreszcie wypadnie 2, a po 2 (po jak wielu liczbach by to było) – 3...

To niezwykle ważny wniosek, wyjaśnia bowiem jeden ze sposobów poznania świata przez człowieka! Przecież poznanie zaczynamy właśnie od tego, że szukamy prostych prawidłowości w chaosie. Widzimy na przykład zestaw liczb. Co jest łatwiejsze – odszukanie w nim prawidłowości z prostymi liczbami czy odszukanie ułożonej w dowolnym porządku kolejności liczb? Powiedzmy, że są tam wszystkie liczby od jeden do stu, ale wymieszane jak popadnie. Oczywiście, łatwiej nam ułożyć je od jeden do stu niż szukać innych, bardziej złożonych regularności. Z tego punktu widzenia nawet najbardziej chaotyczny zestaw cyfr może zawierać w sobie elementy porządku – przecież znajdują się tam wszystkie liczby od jeden do stu, żadnej z nich nie pominięto.

Czy rozumiecie, co to wszystko oznacza?

Nie ma chaosu, czyli przypadku, w czystej postaci. Jest wtargnięcie jednego poziomu w kolejność porządku innego poziomu. Człowiek poznaje świat, poruszając się przy tym jednocześnie dwiema drogami: od prostych kluczy – do bardziej złożonych, czyniąc bardziej skomplikowanym nie tylko system kluczy, ale także swoją świadomość i, za pomocą wcześniejszego układu znaczeń, znajduje znajomą kolejność w nowych zdarzeniach. Podczas tych działań człowiek porządkuje samego siebie i świat wokół.

Zapamiętajmy to. Ta wiedza przyda się, żeby zrozumieć, w jaki sposób poznanie człowieka prowadzi go do połączenia ze świadomością tego świata.

Zatem człowiek przenika, rozumie świat po względem informacyjnym, poruszając się od prostego do złożonego. Ogarniając świat, tworzy w swojej świadomości struktury znaczeniowe, które go opisują. Jeśli spojrzeć nieco głębiej, można powiedzieć, że człowiek i jego informacyjna działalność są nieodłączną, niezaprzeczalną i nierozdzielną częścią głębinowych mechanizmów naszego świata.

Wypada teraz wspomnieć kilka słów na temat entropii. Entropia to inaczej wielkość odwrotna w stosunku do energii – to proces zwiększenia nieuporządkowania na świecie. Przecież porządek, w tej czy innej postaci, może istnieć wtedy, gdy istnieją minimum dwa różne elementy (mówiliśmy już o tym: najprostszy porządek

– to jedna monotonia na tle innej). Jeśli jest tylko jeden element – i, oczywiście, jest równomierny wewnątrz – nie może być uważany za porządek. Góra cegieł nieułożona zgodnie z określoną prawidłowością – nie jest jeszcze porządkiem, chociaż cegły wszystkie są jednakowe (element jest równomierny wewnątrz siebie, lecz, mimo wszystko, jest tylko jeden).

Nasz świat jest tak zbudowany, że istniejące w nim uporządkowania są wciąż niszczone. Dzieje się tak dlatego, że w świecie ciągle wzrasta entropia. Uporządkowanie jest podtrzymywane przez określony poziom energii. A świat jest tak zbudowany, że energia wyczerpuje się, jeśli nie jest odnawiana. Dlatego gdy z porządku odchodzi energia – jest on niszczony. Niewykończony dom zawali się, ponieważ nikt dawno nie wkładał w niego energii. Budowanie domu, remontowanie go, podtrzymywanie ciepła ogniska domowego – wszystko to jest równoznaczne z lokowaniem w nim energii. Jeśli tego nie robimy, energia będzie uchodzić, co doprowadzi do zniszczenia.

Cóż to oznacza? Tam, gdzie jest uporządkowanie, jest także siła, energia. A gdy gdzieś jest energia, można ją stamtąd wyciągnąć, póki nie wyschła, nie wyczerpała się sama z siebie.

Nie będę teraz wykładał kursu fizyki, powiem tylko, że energię w naszym fizycznym świecie można wydobyć tylko wtedy, gdy mamy dwa ciała o różnej temperaturze. To najprostsza forma porządku. Druga zasada termodynamiki mówi, że ciepło przepływa od ciała o wyższej temperaturze do ciała o niższej temperaturze, wyrównując w ten sposób ciepłotę obu ciał.

Oznacza to, że dla wydobycia energii z ciepłego ciała potrzebne jest ciało chłodne – wtedy energia zacznie przepływać. Jeśli ciała mają jednakową temperaturę, energia nie będzie płynąć, nie będzie mógł się zacząć proces jej wydobycia.

Istnieje taki termin naukowy – cieplna śmierć Wszechświata. Odnosi się to (prawdopodobnie) do dalekiej przyszłości, gdy wszystkie temperatury we Wszechświecie zrównają się, gdy zapanuje jedna temperatura – wtedy nie będzie źródeł energii i świat zastygnie w bezruchu. Tylko wtedy, gdy istnieją różnice w poziomach temperatur, możliwe jest wyzwalanie się energii.

Jeśli na świecie rośnie entropia, oznacza to, że taki koniec jest nieunikniony: energia wyczerpuje się i kiedyś wyczerpie zupełnie. Mimo wszystko ten proces niszczenia świata przebiega bardzo wolno. Dlaczego? Dlatego że oprócz procesów zwiększania się entropii, a zatem – zmniejszania porządku, na świecie toczą się także inne procesy, skierowane przeciwnie. Przecież w oddzielnych układach stale zmniejszamy poziom entropii. Remontujemy dom – i zapobiegamy jego zniszczeniu, które bez remontu bardzo szybko stałoby się faktem. Jednak do tego potrzeba energii – powinniśmy włożyć w dom energię, żeby zmniejszyć entropię. Inny przykład: z dwutlenku węgla możemy dokonać syntezy węgla, podwyższając w ten sposób czystość substancji i zmniejszając jej entropię. Jednak w tym celu też trzeba będzie zużyć energię! Zatem, żeby świat żył, istniał, żeby przepływała energia, powinny być w nim zawarte obiekty znacznie różniące się stopniem energii – tylko wtedy będzie ona mogła płynąć od plusa do minusa. A zwiększenie tych różnic, a więc także zwiększenie uporządkowania w świecie, wymaga zużycia energii.

To bardzo ważny wniosek, niezbędny w naszej dalszej pracy: zwiększenie porządku wymaga energii. Jednak energia ta, jak już zrozumieliśmy, pojawia się wtedy, gdy przepływa od jednego obiektu do drugiego, w wyniku czego zmniejszają się różnice między obiektami, co prowadzi do zmniejszenia stopnia uporządkowania. Oznacza to, że procesy świata biegną jednocześnie w obie strony.

Każdy człowiek tak żyje – jednocześnie zużywa energię, wyciągając ją z procesu przepływu energii z jednego obiektu na drugi, od plusa do minusa, oraz wkłada energię w obiekty świata i tym samym stale zmienia poziom uporządkowania w świecie!

Posłużymy się takim prostym przykładem, jak robienie porządków. Co robicie, gdy sprzątacie mieszkanie? Wkładacie w to energię, obniżając poziom entropii, zwiększając tym samym stopień uporządkowania. Co robią dzieci, kiedy przychodzą ze szkoły? Depczą brudnymi butami po parkiecie, rozrzucają swoje rzeczy, rzucają w siebie zabawkami. W ten sposób uwalniają energię włożoną przez Was w mieszkanie, obniżają poziom uporządkowania i sprzyjają wzrostowi entropii. Przebywacie ze swoimi dziećmi, kontaktujecie się z nimi i uzupełniacie swój poziom energii wydatkowanej na sprzątanie mieszkania. Przecież dzieci uwolniły tę energię, teraz płynie swobodnie i możecie podłączyć się do tego źródła. Podłączacie się do niego – i ponownie przepełnia Was energia, żeby porządkować mieszkanie i znowu obniżać poziom entropii. I tak w nieskończoność trwa obieg energii w świecie.

Jesteśmy częścią światowego przeciwdziałania uporządkowania i niszczenia. Oba te procesy zachodzą w nas równocześnie. Rozpatrzmy teraz dokładnie, jak to się odbywa.

Człowiek, przez sam fakt swojego istnienia, niewątpliwie podwyższa poziom entropii naszego świata. Oczywiście! Przecież energia potrzebna jest nam do życia. Żeby otrzymać energię, najpierw musimy ją z czegoś uwolnić. Do uwolnienia energii potrzebne są dwa bieguny, w przeciwnym razie energia nie będzie płynąć. Te dwa bieguny to pożywienie i tlen. Pożywienie zawiera białko, tłuszcze i węglowodany, jednak wolny tlen praktycznie nie istnieje. On występuje w atmosferze, składniki pokarmowe – w produktach. Od razu widać uporządkowanie. Jednak żeby wydobyć energię zamkniętą w pożywieniu, utleniamy ją – łączymy z tlenem. Do atmosfery dostaje się dwutlenek węgla. Entropia ulega zwiększeniu: z dwóch różnych substancji – węglowodanów i tlenu – stworzyliśmy

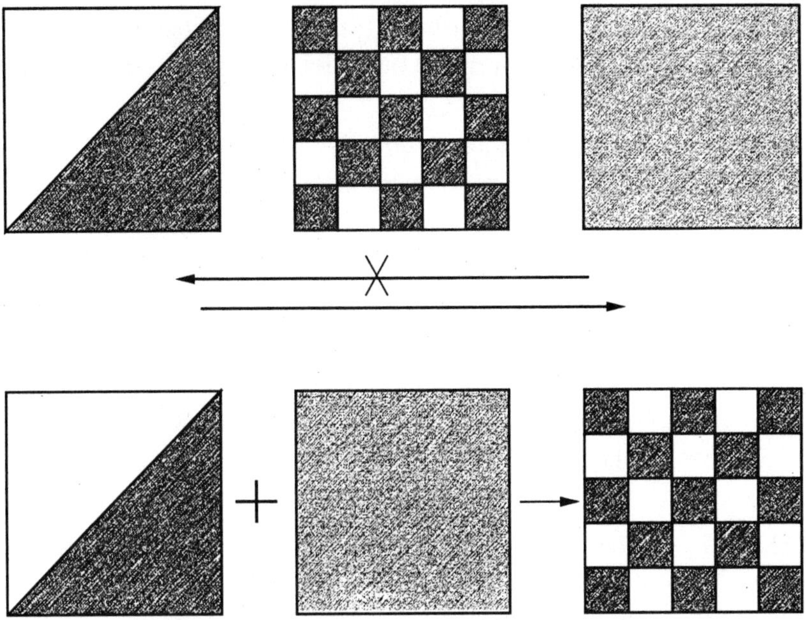

Rys. 3. W świecie wzrasta entropia – a ruch odwrotny jest niemożliwy. Można go urzeczywistnić tylko w jednym przypadku – wykorzystując większe uporządkowanie.

wymieszaną substancję – dwutlenek węgla. Pozostałości, też stosunkowo nieuporządkowane wobec poprzedniego stanu, są wydzielane do środowiska zewnętrznego. Otrzymujemy energię kosztem obniżenia poziomu uporządkowania otaczającego nas świata, zwiększenia entropii.

W jakim celu wykorzystujemy otrzymaną energię? Aby zmniejszyć entropię! Przecież, wykorzystując tę energię, tworzymy porządek w sobie – tworzymy bardziej subtelny porządek w swoim ciele, w jego komórkach, tkankach, w złożonej koordynacji procesów, w delikatnym współdziałaniu procesów mózgowych. Tworzymy też porządek wokół siebie – porządek w rzeczach, w stosunkach społecznych, w słowach, wiedzy, we własnej świadomości...

Zmieniamy porządek jednego poziomu, bardziej przyziemnego, pospolitego, w porządek bardziej subtelny – swojej świadomości i sensów.

Zatem czyż nie jest prawdą, że człowiek – to organizm nierozerwalnie związany z wewnętrznymi mechanizmami wszechświata, na których utrzymuje się cały gmach świata?...

Nie tylko cały proces zespołu sił życiowych, przebiegu czynności fizjologicznych, ale także proces poznania świata wiążą się z tym, że człowiek tworzy wokół oraz wewnątrz siebie uporządkowanie nowego poziomu – bardziej subtelnego, uporządkowanie swojej świadomości, uporządkowanie znaków, uporządkowanie sensów.

Ta szczególna cecha człowieka świadczy o tym, że nasza świadomość jest unikatowa – ponieważ człowiek, poznając świat, tworzy sens tego świata i w tym aspekcie jest częścią świadomości Wszechświata. Pomówimy o tym – będzie to koniecznie potrzebne do zrozumienia naszych możliwości. Ale wcześniej – podsumujmy.

Człowiek ogarnia, rozumie świat i powoduje przy tym, że jego świadomość staje się bardziej złożona. Człowiek znajduje w świecie zdarzenia odpowiadające jego świadomości i jednocześnie tworzy w świecie nowe uporządkowanie: uporządkowanie sensów.

Mapa świata sensów

W poprzedniej części tego rozdziału otarliśmy się o pojęcia, które do tej pory tak głęboko jeszcze nie były rozważane. Jednak bez rozumienia tych pojęć dalsza wędrówka jest niemożliwa.

Przede wszystkim wprowadziliśmy takie pojęcia, jak poziom uporządkowania i uporządkowanie sensów. Przyjdzie nam dodać w związku z tym jeszcze jeden termin – „informację".

Nasza świadomość jest informacyjną strukturą. Dzięki świadomości poznajemy świat, odkrywamy jego nowe horyzonty, przekształcamy go. Świadomość wykorzystuje w swojej pracy zewnętrzne uporządkowanie, wydobywając z niego sens, czyli informację.

Przeczytaliśmy np. książkę składającą się z określonego następstwa znaków. Jednak nie przeczytaliśmy jej tylko ot tak sobie, ale dokładnie ją zrozumieliśmy! Wykorzystaliśmy znalezione w książce informacje... Zaraz, zaraz, stop!

Czy jednak w książce znajduje się informacja jako taka? Nie spieszcie się z odpowiedzią, najpierw pomyślcie. Czy potrafilibyście zrozumieć książkę, jeśli nie znalibyście języka, w którym została napisana? A jeśli byłaby to książka z innego świata, w której każde słowo opisuje proces, z jakim jeszcze nigdy się nie spotkaliście?

Oczywiście – nie! Cóż to oznacza? Tyle (choć pewnie brzmi paradoksalnie), że w tej książce... nie ma żadnej informacji!

Nie rozumiecie? Pomyślcie: jeśli w książce znajdowałaby się informacja jako taka, byłaby dostępna absolutnie dla wszystkich. Informację tę mógłby wydobyć aborygen Nowej Zelandii, Marsjanin, stróż i znany naukowiec, przy czym dla wszystkich tych ludzi informacja byłaby absolutnie jednakowa – przecież już jest założona w książce w utrwalonej, niezmiennej postaci.

Co okazuje się ostatecznie? Marsjanin nie wynosi z książki żadnej korzyści, przecież nawet takiego przedmiotu na Marsie nie ma; aborygen wynosi tylko tyle, że ma do czynienia z książką – innej informacji dla niego ten przedmiot nie posiada; stróż wynosi z lektury jedynie, że jakaś baba rzuciła się pod pociąg; naukowiec zaś wyciągnie wnioski o psychologizmie w „Annie Kareninie" Lwa Tołstoja, o poetyce jego utworu i będzie roztrząsał literaturoznawcze niuanse w tworzeniu tytułowej postaci.

Książka jest jedna i każdy wydobył z niej dla siebie to, co umiał, a czasem nawet nie wydobył nic. To najbardziej dowodzi faktu, że kwestia nie polega na informacji obiektywnie założonej w książce, tylko wyłącznie na systemie kluczy, którym rozporządza każdy, kto wstępuje we wzajemne oddziaływanie z danym obiektem.

Istnieją świadectwa uczonych mówiące o tym, że nie można było rozszyfrować staroegipskiego języka hieroglifów, dopóki nie odkryto słynnego kamienia z Rosetty, na którym utrwalono pewien dokument w dwóch językach: w staroegipskim i w języku już znanym. Potem, krok po kroku, udało się dobrać znaczenia do znaków niewspomnianych w dokumencie – badacze wychodzili z założenia, że w tekstach pisanych w języku hindi wykorzystano podobne ludzkie pojęcia, z którymi mamy do czynienia obecnie. Jeśli wykorzystano by w nich pojęcia inne niż ludzkie, np. pojęcia cywilizacji psów, wtedy nie udałoby się rozszyfrowanie tekstu – przecież znalazłyby się tam pojęcia oznaczające świeżość kostek czy zapach suczki mającej cieczkę. Badacze mogliby bez końca zgadywać, wróżyć, jak to wszystko przetłumaczyć na język ludzi, ale nic by nie osiągnęli – w ludzkiej percepcji nie ma takich pojęć.

Rozumiemy już, że podczas czytania tekstu w znanym sobie języku każdy zobaczy w nim coś swojego; cóż dopiero mówić o czytaniu tekstu w języku, którego się nie zna!

Zatem jeśli, jako czytający, nie jesteś jednocześnie nosicielem sensów i języka, w którym tekst został napisany, niemożliwe jest, byś z tekstu wyłowił informacje i odtworzył sens wyłącznie w oparciu o zestaw znaków (którym przecież jest książka). A nawet wtedy to odtworzenie nie jest zupełnie dokładne. Pragnę nadmienić jeszcze raz – aby wydobyć informacje, trzeba być jednocześnie świadomym języka i sensów. Jeśli władamy językiem, w którym napisana jest książka – przeczytamy ją. Jeśli sensy zawarte w książce są także w nas – zrozumiemy je. Jeśli nawet w przybliżeniu nie orientujemy się, czym jest miłość kobiety i mężczyzny – ani osobiście tego nie doświadczyliśmy, ani nie spotkaliśmy się z tym zjawiskiem – wtedy

„Anna Karenina" Lwa Tołstoja rzeczywiście będzie tylko książką o nieszczęśliwym wypadku na stacji kolejowej i niczym więcej. A jeśli nigdy nie widzieliśmy pociągu i nic nie wiemy o istnieniu dróg kolejowych – powieść będzie dla nas fantastyczną opowieścią o tym, czego w rzeczywistości nie ma. Proces rozumienia informacji – to proces porównania pewnych znaków z tymi sensami, które już znamy. Jeśli sens jest nieznany – znaki stają się systemem pozbawionym sensu. Znajomość języka zakłada w świadomości obecność schematu odpowiedniości jego słów w stosunku do elementów już posiadanego doświadczenia. Świadomość czytająca tekst posiada w sobie system jego elementów.

Tak się dzieje, ponieważ tekst – to tylko znaki swobodnie „przyczepione" do sensów. Sens jest zawarty np. w słowie *pies*. Psa każdy widział. Jednak słowo *pies* nie ma żadnego odniesienia do samego psa (dzieci są mądre, nazywają to zwierzę po prostu *hau-hau*). *Pies* po rosyjsku – to „sobaka" (собака), po łacinie – „canis", po francusku – „chien", po angielsku – „dog", po niemiecku „hund"... W tym nie ma nic wspólnego! Tym bardziej nie ma nic wspólnego między sensem, znaczeniem słowa, a jego pisownią.

Wobec tego, gdzie jest założona informacja – w książce?

Nie, nie, nie, po trzykroć nie – informacja jest założona w nas.

Nieprzypadkowo mówią: zdobycie nowej wiedzy to przypominanie tego, co już znaliśmy, ale zapomnieliśmy. Czytanie – to ożywienie śpiących sensów, które już w nas żyją.

Co reprezentuje sobą książka, jeśli, w rzeczywistości, nie ma w niej ani grama informacji?

Książka właściwie jest pewnego rodzaju instrukcją, według której nasza świadomość powoduje następstwo odczuć i obrazów, otrzymanych dzięki doświadczeniu i chronionych w pamięci. Tylko tyle – instrukcja, przewodnik zestaw znaków, kluczy uwalniających informację w naszej świadomości. Co jest ważne dla takiej instruk-

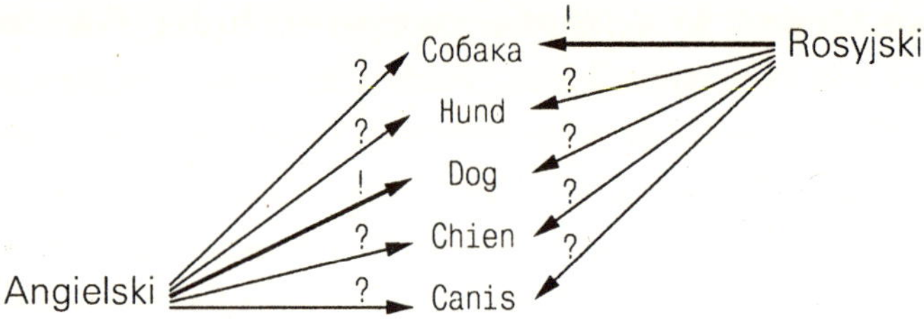

Rys. 4. Tekst – to instrukcja wywoływania obrazów. Bez zestawu obrazów i zestawu kluczy tekst nie ma sensu. Człowiek może przeczytać to, co ludzkie, ale nie to, co pozaziemskie czy boskie – w obcych tekstach znajdzie tylko to, co jest jego.

cji? Następstwo, kolejność zdarzeń. A czym jest następstwo zdarzeń? Tak, macie rację, to uporządkowanie!

Instrukcja przeczytania jej przez podświadomość w celu zrozumienia, wydobycia ze świadomości informacji, która sama w sobie nie zawiera niczego oprócz uporządkowania, nie posiada żadnej informacji i nazywa się tekstem.

Jakie cechy powinien posiadać tekst oprócz tej, że jego elementy odpowiadają swego rodzaju tablicy kluczy sensu istniejącej w autorze (możliwe, że także w czytelniku)? Tekst powinien być uporządkowaniem – przy czym uporządkowaniem specyficznym. Z jednej strony powinien składać się z ograniczonego zestawu elementów, ponieważ tablica odpowiedniości - kodów – nie może być nieskończona. Z drugiej strony, kombinacje tych elementów powinny modyfikować się nieprawdopodobnie szeroko, chociaż z zachowaniem określonych reguł.

Dlaczego połączenia elementów w tekście powinny modyfikować się szerzej – bardziej niż jego elementy? Dlatego że tekst, jako potencjalny nośnik informacji, należy do jednego poziomu uporządkowania, ale opisuje następny, bardziej złożony. Jak w książce: litery – to drukowane obrazki, ale opisują wszystko, co się żywnie podoba. Tekst – to samorozwijająca się struktura prowadząca od prostego do złożonego. Przy czym im bardziej złożone poziomy prawidłowości opisuje tekst, tym bardziej złożony jest jego system kluczy – tym bardziej tekst przypomina chaos! Dla dziecka, które dopiero uczy się czytać z elementarza, powieść Dostojewskiego będzie wydawać się bezsensownym zestawem znaków – chaosem.

Jak z tego wynika, nawet wtedy, gdy nie potrafimy przeczytać tekstu leżącego przed nami, zawsze możemy się dowiedzieć, czy tekstem jest ta kolejność, którą właśnie mamy przed oczyma. Będzie o tym świadczył ograniczony zestaw elementów, przestrzeganie praw, ogromne modulowanie kombinacji tych elementów...

Nie istnieje informacja w czystej postaci. Jest tylko tekst w postaci uporządkowania i świadomość zdolna do przeczytania tego tekstu dlatego, że posiada już w sobie elementy uporządkowania.

Uściślijmy teraz kwestię: co kryje się w słowie *tekst*? Czy tylko książka, list, referat? Nie, nie tylko. Spójrzmy szerzej: tekst – to określony układ znaków. Temu określeniu odpowiada bardzo duża ilość obiektów. Sygnał świetlny jest układem znaków, a zatem jest tekstem. To samo ma miejsce w przypadku znaków ruchu drogowego – dobry kierowca czyta drogę niczym tekst. Powiem więcej – takie określenie tekstu pasuje do całego naszego świata!

Spójrzcie, przecież świat składa się z ograniczonego zestawu elementarnych cząstek, które, podporządkowując się określonym prawom – czasem niczym niezakłóconym (nie jest tak, że niekiedy jądro atomu ma dwa protony) – modyfikują się między sobą, organizując się w duże struktury, a te, z kolei – w jeszcze większe i większe... Czy to Wam coś przypomina? Tak, tak – 33 litery łączą się w słowa, słowa – w zwroty, zwroty – we frazy, frazy – w akapity, akapity w rozdziały, rozdziały – w książki, książki – w tomy, tomy – w biblioteki...

e, r, p...	**–**	**a, b, c...**
N, Ne, C...	**–**	**ja, ty, on...**
H_2O, CO_2	**–**	**Jak dobrze...**
Planeta Ziemia	**–**	**„Wojna i pokój"**
Układ Słoneczny	**–**	**PSS L. Tołstoja**
Galaktyka	**–**	**Biblioteka**
Wszechświat	**–**	**Wszystkie wydane książki**

Rys. 5. Uporządkowanie świadczy o tym, że mamy do czynienia z tekstem. Książka i Wszechświat – to zjawiska tego samego porządku.

Nasz świat jest tekstem. Tekstem niewyobrażalnie złożonym, ale – mimo wszystko – tekstem. A tekst to potencjalny nośnik informacji, to instrukcja do wyjawienia tej informacji z własnej świadomości. Jednak człowiek nie włada wszystkimi sensami tego tekstu, ponieważ znajduje się na samym początku procesu poznania. Dlatego nie rozumie bardzo wielu spraw tego świata. Podobny jest do dziecka, które nie rozumie Fiodora Dostojewskiego.

Z czego zatem składa się proces poznania?

Proces poznania składa się z tego, że świadomość kopiuje w sobie uporządkowanie tego, co zna. Dopiero potem zaczynamy rozumieć to, co poznamy. Rzeczywiście – usłyszeliśmy frazę: „Chłopiec wdrapał się na drzewo". Przypuśćmy, że musimy otrzymać wyjaśnienia, co to jest *chłopiec*, co *drzewo* i co *wdrapał się*. Po tych wyjaśnieniach w naszej świadomości pozostanie odbicie usłyszanej, uporządkowanej kombinacji słów. Teraz już wiemy, co to takiego!

W procesie poznania świadomość staje się coraz bardziej złożona, powtarzając w swej strukturze przedmioty poznania! Jeśli poznaliśmy język, mamy w sobie wszystkie jego słowa i, potencjalnie, wszystkie sensy, które może stworzyć. To bardzo ważny wniosek – poznanie oznacza połączenie się z przedmiotem poznania. Świadomość posiada wewnątrz siebie tekst niosący informację o poznanym!

(A to oznacza, że w naszej świadomości też jest obecny tekst – maleńki świat odpowiadający pod względem uporządkowania poznanemu przez człowieka fragmentowi wielkiego świata! Posiadamy kawałek świata ze wszystkimi jego prawami i wkrótce dowiemy się, że rzeczywiście część świadomości człowieka leży w świecie zewnętrznym. A ponieważ świadomość zawiera w sobie uporządkowanie, to rozprzestrzenia je także w świecie zewnętrznym!).

Najbardziej interesujące jest to, że w procesie poznania sens przydawany przez człowieka skopiowanym w jego świadomości faktom może być dowolny! Niekoniecznie musi odpowiadać prawdziwemu sensowi zdarzeń oglądanych przez człowieka. Najważniejsze, aby uporządkowanie było skopiowane!

Czy to Was dziwi? Popatrzmy zatem, w jaki sposób dziecko poznaje świat. Dziecko poprosiło mamę, by kupiła mu drogą zabawkę, A ona jej nie kupiła. Dziecko wyciąga wniosek, że mama nie chce kupić zabawki, a więc go nie kocha. Jednak tak naprawdę mama kocha dziecko i bardzo chce kupić mu zabawkę, jednak nie ma pieniędzy – mało zarabia, gdyż kiedyś źle się uczyła i teraz niczego nie umie.

Jednak dziecko wyciąga swój wniosek – i w pewien sposób ma rację. Gdy będzie dorosłe, może zrozumie, że nadawało fałszywy sens poznanej przez siebie prawidłowości! Mama nie kupuje zabawki – tę prawidłowość poznał. Jednak nada jej różny sens – jako dziecko powie, że mama go nie kocha; będąc dorosły – zrozumie, że niepotrzebnie był zły na mamę i niesłusznie obrażał się na nią, myśląc, że go nie kocha, ponieważ w rzeczywistości tak nie było.

Dlaczego nie mógł od razu znać tego dorosłego sensu zdarzenia? Mówiliśmy już, że sens – to odbicie zdarzenia w doświadczeniu. Horyzont malca był zbyt mały – o wiele mniejszy od horyzontu dorosłego człowieka; w ramach tego horyzontu istniały już pojęcia *kocha – nie kocha*, ale nie było tam jeszcze pojęć *zarobki*, *praca*, *pieniądze*, *dużo kosztuje*. Jeśli dziecko miałoby takie doświadczenie jak mama, wtedy zrozumiałoby ją i nie obrażałoby się. Jednakowy sens zdarzenia mogą pojąć tylko ludzie posiadający takie samo, identyczne doświadczenie – dostrzegający takie same przyczyny i następstwa zdarzeń i oddziałujący z nimi na tym samym poziomie.

Co prowadzi do braku porozumienia – czy tylko tak wielka różnica w doświadczeniu dziecka i dorosłego? Ależ nie, często to samo zachodzi między dorosłymi ludźmi.

Każdy człowiek poznaje świat, znajdując w nim swoje sensy. Nie wszystkie sensy, które odkrywają ludzie, są słuszne, ponieważ są antropomorficzne (tj. wyjaśniają świat z bardzo wąskiego, ludzkiego punktu widzenia, a świat nie był tworzony przez człowieka i nie powstawał według jego praw). Podam typowy przykład. Kiedyś ludzie sądzili, że magnes z żelazem przyciągają się do siebie z powodu miłości. Toczono ostre dyskusje „kto" kocha „kogo" – magnes – żelazo, czy żelazo – magnes. Oto, co znaczy wyjaśniać świat, przyjmując za punkt wyjścia ludzkie wyobrażenia.

W miarę poszerzania się naszego horyzontu jesteśmy zmuszeni do rozszerzania i uzupełniania swoich wyobrażeń o świecie. Tak, po mechanice Newtona następuje teoria względności, a geometria euklidesowa jest tylko szczególnym przypadkiem geometrii przestrzeni...

W ten sposób człowiek stopniowo kroczy od swoich zniekształconych wyobrażeń o świecie do wyobrażeń bardziej precyzyjnych.

Poznanie jest procesem, który, krok za krokiem, tworzy w świadomości uporządkowanie obecne w świecie i tym samym przybliża nasz zestaw sensów do prawdziwego zestawu sensów ukrytych w światowym tekście. Jednak ostateczne przybliżenie może nastąpić tylko wtedy, gdy w świadomości zostanie zdublowane całe uporządkowanie świata.

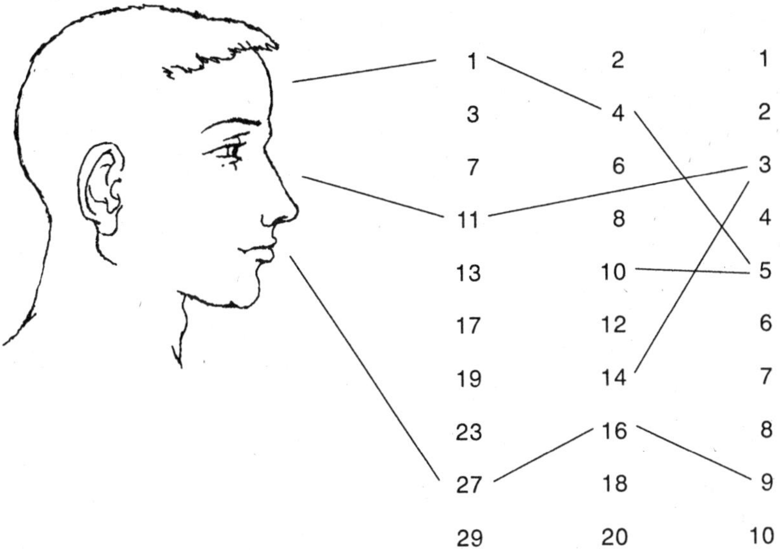

Rys. 6. Bez ustanku zbliżamy się do sensów świata, tworząc nowe sensy i pomnażając ich ilość w świecie... Poznanie jest nieskończone. Nieskończona jest droga człowieka.

Jeśli obserwujemy tylko część procesu, a nie dostrzegamy procesu całościowo, wtedy niemożliwe jest znalezienie jego prawdziwego sensu. Podobnie jest z dzieckiem zauważającym tylko część procesu – mama nie kupiła zabawki. Dziecko nie widzi wszystkiego, co wiąże się z pracą i zarobkami, zatem niemożliwością jest, by pojęło prawdziwy sens zdarzenia. To także bardzo ważny wniosek, do którego jeszcze wrócimy.

O czym to wszystko świadczy? Ciekawa rzecz, ta świadomość. I jakże ciekawe zjawisko – człowiek. To nie zwierzę na zagubionym gdzieś w Kosmosie pyłku – Ziemi, ale istota nierozerwalnie związana z fundamentalnymi prawami wszechświata!

Nasze istnienie wiąże się z porządkiem i chaosem, z entropią i energią, z tekstem i jego sensami... Wkrótce dowiemy się, że proces rozumienia realności i myślenia – to część procesu tworzenia wielowarstwowej realności. To, co jest obecne w naszej świadomości – to realność!

Teraz czas na wniosek.

Każdy człowiek – to istota niszcząca uporządkowanie niskiego poziomu i wykorzystująca uwolnioną energię do stworzenia uporządkowania wyższego poziomu, przede wszystkim sensu odpowiadającego uporządkowaniu tego, co człowiek poznaje w trakcie poszukiwań sensu świata.

Bóg jest światem, a człowiek jego częścią

Aby móc mówić o świadomości tworzącej realność, powinniśmy odpowiedzieć sobie na jeszcze jedno pytanie: czym tak w ogóle jest świadomość? Jakie są relacje między światem a świadomością?

Mniej więcej rozumiemy, jak pracuje mózg, w jaki sposób analizuje realność i tworzy w sobie własne odbicie, jednak samo pytanie, dlaczego ODCZUWAMY pracę mózgu, jest okryte mgłą tajemnicy, pozostaje bez odpowiedzi. Jak poczęło się w mózgu zjawisko innego porządku – świadomość? Żadne badania nie dają odpowiedzi na to pytanie – zagadkę. Nie odkrywają, czym jest świadomość.

To najbardziej interesujące zjawisko dostępne każdemu człowiekowi. Jest świat – wspaniale; jest mózg należący do świata materialnego; skąd jednak wzięła się, skryta wewnątrz naszego mózgu, czująca i odczuwająca świadomość odnosząca się do zupełnie innego świata – wyobrażeń i subiektywnej realności? Właściwie na dobrą sprawę, świadomość i subiektywna realność to jedno i to samo.

Nie na darmo istnieje nawet filozoficzny podział na realność obiektywną i subiektywną. Obiektywną realność może zaobserwować wielu ludzi, istnieje ona niezależnie od świadomości. Księżyc jest dostępny naszej percepcji nawet wtedy, gdy człowiek nic o nim nie wie – jeśli zamknie oczy, księżyc nie zniknie. Realność subiektywna to realność widziana tylko przez samego siebie. To coś, co zachodzi w osobistej świadomości: obraz, fantazja, wspomnienie... Przynajmniej takie jest klasyczne wyobrażenie na temat świadomości.

Jednak my, pracując z technikami trzeciego i czwartego stopnia DEIR, zdążyliśmy się już przekonać, że granica między indywidualnymi świadomościami nie jest tak nieprzenikalna, nieprzepuszczalna. Dzięki opanowaniu pewnych nawyków nie jest znowu tak trudno wyłapać myśli i odczucia innego człowieka. Zatem spotykamy się tu z nieco innymi prawidłowościami.

Także najprostsze logiczne rozpatrzenie sprawy powinno pokazać, że w rzeczywistości subiektywna realność jest drugą stroną realności obiektywnej, jej nieodłączną częścią. Każda część świata jest nośnikiem elementów świadomości.

Spróbujmy w uproszczeniu wyobrazić sobie postrzeganie rzeczywistości przez nasz mózg. Wiemy, że istniejemy. Mamy odczucie własnego istnienia. Załóżmy, że zamykamy oczy – świadomość nie znika. Odłączamy układy percepcji – świadomość także nie znika, tak jak nigdy nie znika u ludzi jednocześnie głuchoniemych i niewidomych. Wyłączamy pamięć – dzieje się to samo. Odłączamy logikę – pozostaje odczucie własnego istnienia, coś, co mogłoby powiedzieć o sobie: *ja*.

Nie na darmo istnieje stara dialektyczna definicja: „świadomość to właściwość wysoko zorganizowanej materii" oraz stara, sprawdzona w czasie zasada przejścia od ilości w jakość. Mamy prawo zadać pytanie: ilość czego przechodzi w jakość świadomości? W pełni zgadzając się z tym, że w swojej złożonej formie świadomość jest możliwa wyłącznie w obecności takich doskonałych, kompletnych struktur mózgu, jak pamięć i logika, nie musimy uznać tego, że istnieją szczególne „elementarne cząstki", z których składa się świadomość. Te „cząstki" – to odczucia. Świadomość jest złożona z elementarnych odczuć.

Co może stanowić nośnik tych odczuć? Atomy i molekuły? Nonsens, ponieważ molekuły naszego mózgu stale są zastępowane nowymi, jak wszystkie inne cząsteczki naszego ciała. Komórki? Przecież komórka też składa się z zastępujących się molekuł, tak jak tkanka czy mózg. Jedyne co jest zachowane – to struktura składająca się z oddzielnych, zmieniających się molekuł. Jest to żywa struktura, w której przebiegają tysiące procesów. W naszym mózgu nie ma nic tajemniczego – z fizycznego punktu widzenia. Są tam zwyczajne atomy, molekuły, pola i żaden z tych elementów nie zachowuje stale swojej obecności. Stałe są tylko schemat, struktura i wzajemne oddziaływanie.

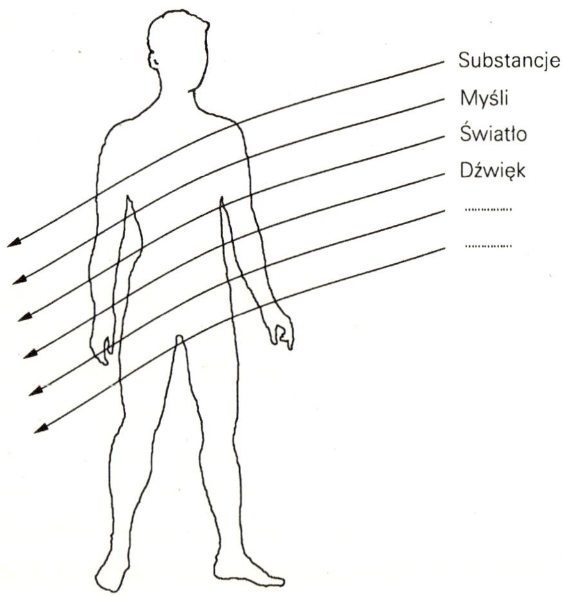

Rys. 7. Wszystko przychodzi z zewnątrz, wszystko uchodzi na zewnątrz. Pozostaje tylko uporządkowanie, którym jest człowiek.

Okazuje się, że w mózgu jest zachowana świadomość i struktura procesów. Zatem odczucia są tym czymś, co towarzyszy procesom, a ich szczególna struktura rodzi świadomość w tej postaci, w której ją znamy. Dodatkowo potwierdza to fakt, że nasze uświadomienie jest strukturą dynamiczną, której istotą są nieprzerwane zmiany. Gdy zatrzymamy proces – zmiany się zakończą, świadomość zniknie. Jednak materia – atomy i molekuły – pozostaną. A proces, zależący od zmian struktury uporządkowania w czasie, jest właśnie procesem informacyjnym. Sformułujmy wniosek.

Świadomość – to zjawisko informacyjne opierające się na procesach zmian uporządkowania. Jednak takich procesów, jakie zachodzą w naszym mózgu, w otaczającym nas świecie jest po prostu bez liku! Światło odbija się od asteroidów, elektrony zderzają się ze sobą w ciągłym tańcu, woda wylewa się z chmur. Świat jest pełen informacyjnych procesów, a każdy z nich niesie odczucie, jest nośnikiem subiektywnej realności, nosicielem sensu.

Czy okazuje się więc, że to, co obiektywne, jest tożsame z tym, co subiektywne? Nie istnieje materia, która nie niosłaby odczuć? Tak właśnie jest!

Świat jest jedną wielką strukturą informacyjną będącą nośnikiem jednej gigantycznej świadomości – Boga. My i nasza świadomość jesteśmy z nim połączeni nieskończoną ilością nici wspólnych procesów przepływających przez nas i sprawiających, że człowiek jest częścią ogólnej świadomości Wszechświata.

To w pełni odpowiada rezultatom naszych poprzednich badań! Pamiętacie, jak mówiliśmy o tym, że w procesie poznania świadomość tworzy w sobie strukturę powtarzającą uporządkowanie analizowanego obiektu. Wynika z tego, że świadomość, włączając w siebie sensy całego świata, powinna zawierać w sobie strukturę całego świata!

Posiadamy właśnie taką świadomość – świadomość świata zawierającą w sobie cały świat, a więc także nas. Z definicji świadomość jest wszechmogąca i wszystkowiedząca, ponieważ oprócz niej w świecie nie ma niczego.

Dlatego jest zupełnie naturalne, że w świecie spotyka się potężne uporządkowane następstwa zdarzeń, które znamy pod nazwą Światowych Prądów – to ruchy świadomości naszego świata. Wszystko, co zachodzi wokół nas, jest świadomym procesem, a człowiek jest częścią tego procesu.

Czym zajmuje się wyższa w stosunku do nas świadomość i jakie jest miejsce człowieka w świecie? Spróbujmy teraz odpowiedzieć na te pytania.

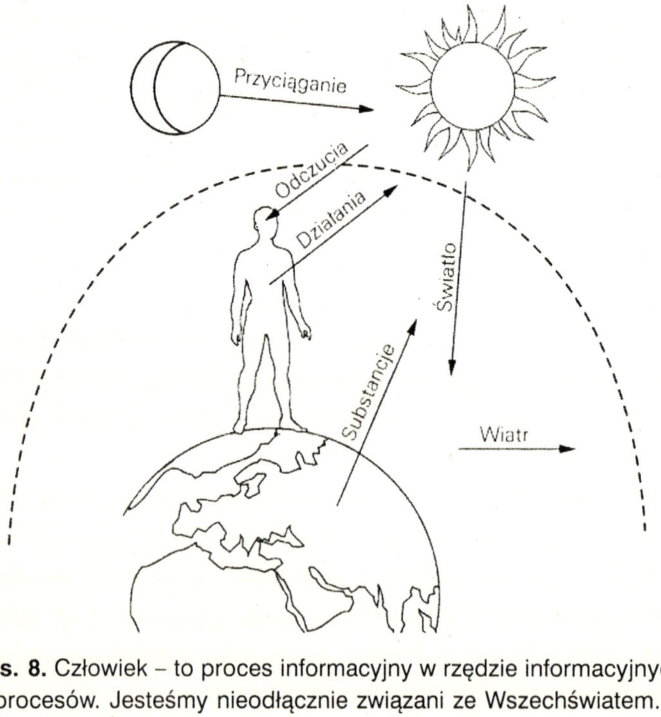

Rys. 8. Człowiek – to proces informacyjny w rzędzie informacyjnych procesów. Jesteśmy nieodłącznie związani ze Wszechświatem.

Wiemy, że świat nie stoi w miejscu. Rozwija się, zachodzą w nim niezliczone zdarzenia, procesy... Powiem więcej – istnieje w nim entropia. Istniejące bazowe uporządkowanie nieprzerwanie „miele się", wyzwalając energię – i samo robi się bardziej złożone!!!

Jeśli wyobrazić sobie moment tzw. Wielkiego Wybuchu, dzięki któremu powstał Wszechświat (nawiasem mówiąc, teoria ta nie zaprzecza istnieniu Boga, który w tym przypadku powstał wraz ze światem i – pamiętamy, że każdy proces jest nośnikiem subiektywnej realności – pojawił się jako stworzyciel świata i samego siebie), to w chwili samych narodzin istniało tylko nic – i coś (punkt, światowe jajo – coś, w czym przebywała cała materia). W tym momencie istniało najbardziej proste uporządkowanie – składało się z dwóch elementów.

Jednak z biegiem czasu uporządkowanie to stawało się wciąż bardziej złożone. Świat, którym jednocześnie jest Bóg, rozwija się i nieustanne podnosi swój poziom złożoności, powoduje, że staje się coraz bardziej skomplikowany, tworząc ciągle nowe bogactwo wariantów i sensów! On – to świat poznający sam siebie. Bóg poznaje coś, tworząc w sobie całą złożoność naszego świata. Myśli Boga – to całokształt wszystkich procesów przebiegających w świecie.

W trakcie trwania tego procesu pojawił się człowiek. Człowiek posiada tę samą naturę, co Bóg – burzy proste uporządkowania, tworząc bardziej złożone. Tworzy sens w procesie swojego poznania.

Istnieją tylko dwie różnice: pierwsza – to, co poznaje człowiek, jest uporządkowaniem stworzonym w świadomości Boga. Oznacza to, że subiektywna realność Boga jest obiektywną realnością dla człowieka. Zapamiętajmy to. Wkrótce zauważymy, że subiektywna realność złożonego poziomu jest obiektywną realnością dla niższego poziomu.

Druga różnica polega na tym, że człowiek sam w sobie jest częścią świata, a więc i Boga.

Wygląda na to, że człowiek poznaje to, co go otacza, tj. wewnętrzną realność Boga, tworząc w sobie – a zatem i w Bogu – uporządkowane struktury powtarzające poznawane przez siebie uporządkowania – wewnętrzną realność Boga... Bajka?

A jednak nie. Chodzi o to, że człowiek tworzy nowe sensy, wcześniej nieistniejące! Czy pamiętacie – mówiliśmy, że niemożliwe jest pojęcie sensu nieznanego procesu, gdy obserwuje się tylko jego część. Aby zrozumieć sens czyjegoś postępowania, powinniśmy zobaczyć to samo, co widział ten, kto postępku dokonał; poczuć to samo co on i widzieć rezultaty działań, co oznacza, że przyczyny i następstwa procesu powinny być skupione na naszym poziomie! Ponieważ jesteśmy mniejsi niż świat, pojawiliśmy się później, a poznajemy część świata, na którą wpływają jego pozostałe części – nadajemy temu, co poznajemy, całkiem inny sens.

Człowiekowi nigdy nie będzie dane poznać Boga – sensy, które posiada wszechświatowa świadomość, towarzyszące procesowi ruchu Wszechświata, na zawsze pozostaną dla nas nieprzeniknione. Możliwe jest tylko sukcesywne zbliżanie się do nich – jednak człowiek zawsze będzie mniejszy niż świat, zawsze pozostanie jego częścią i nigdy nie przeniknie świadomości Boga, którego jest częścią. Jest to tak samo niemożliwe, jak to, by nasza ręka nas zrozumiała, pojęła procesy zachodzące w świadomości; tylko w tym przypadku mamy do czynienia z większą różnicą skali i złożoności. Świadomość świata czuje człowieka wprost, bezpośrednio, natomiast człowiek Boga odczuwa pośrednio, nigdy w całości. To samo odczucie w różnych okolicznościach rodzi inny sens.

Jednak dla procesu poznania nie jest to ważne. Przecież, nie bacząc na inny sens, świadomość i tak kopiuje prawdziwe prawidłowości. Człowiek jest niczym lustro świadomości świata tworzące sensy.

Ponieważ sensy będące w nas są nieco inne, nasza świadomość tworzy w sobie nie tylko obserwowane uporządkowanie, powtarzając część odczuć świadomości świata; tworzy także uporządkowanie związane ze swoimi sensami i rozsiewa wokół siebie nowe, inne uporządkowanie, niepodobne do stworzonego przez naturę (patrz rys. 7).

Człowiek jest częścią mechanizmów rozwijających świat. Tworzy nowe sensy i nowe uporządkowania. Poznaje i tworzy świat, będąc jednocześnie częścią jego oraz boskiej świadomości, mając tę samą naturę, co świadomość naszego świata.

Oznacza to, że człowiek jest jakby drugą (o ile nam wiadomo) falą rozwoju świadomości świata.

Ale przecież człowiek nie przyjmuje postawy pasywnej kontemplacji! Jest aktywny w swoim poznaniu, wpływa na procesy, które zachodzą wokół niego, wkracza w pracę świata. Wobec tego czymś naturalnym będzie tu pytanie: w jaki sposób oddziałujemy ze świadomością świata, z Bogiem?

Już odpowiadam. Podczas naszej działalności, a szczególnie w trakcie myślenia, wnosimy do świata nowe sensy. Wnosimy je bezpośrednio, w uporządkowaniu. Za każdym razem, gdy zrywamy roślinkę lub sadzimy drzewo, dodajemy do świadomości Boga nowe odczucie. Robimy to na dwa sposoby: czując i rozumiejąc samo działanie (co jesteśmy w stanie sobie uświadomić) oraz wnosząc zmianę bezpośrednio do uporządkowania świata, a więc do jego świadomości (sens pojawiający się przy tym w niej pozostaje dla nas nieprzenikniony).

Innymi słowy, człowiek tworzy nowe w powszechnej, wszechświatowej świadomości co najmniej na dwa sposoby: czując oraz fizycznie oddziałując na świat. Jednak istnieją jeszcze dwa sposoby!

Jeden z nich – to oddziaływanie przez zbiorowy umysł ludzkości. Drugi – bezpośrednie oddziaływanie myślą.

Właściwie jest to jeden sposób – po prostu wpływ poprzez zbiorowy umysł ludzkości przynosi większe efekty.

Dokładnie przyjrzymy się tym sposobom nieco później. Na razie powiem tylko, że myśl człowieka, będąc subiektywną stroną procesów zachodzących w obiektywnej realności świata (subiektywnej realności Boga), jest materialna. Jest wspólna jednocześnie dla człowieka i wszechświatowej świadomości oraz, oczywiście, potrafi oddziaływać na zdarzenia zachodzące w świecie.

Myślę, że wystarczy już informacji dotyczących tej części rozdziału. Powinniśmy jeszcze zrozumieć jedno z ważniejszych praw zachowania się w tej realności. Na razie czas na wnioski.

Nasz świat posiada świadomość, którą nazywamy Bogiem. Człowiek jest logicznym produktem tych samych prawidłowości, co Bóg, jest częścią Boga. Niezależnie od tego, czy wierzy w stworzyciela, czy nie, uczestniczy w tworzeniu naszego świata i może wchodzić w relacje z jego świadomością, oddziałując na świat wprost i przy pomocy myśli, która jest częścią świadomości Boga.

Dobro i twórczość

Mój drogi Czytelniku, zanim zaczniemy rozpatrywać aspekty oddziaływania człowieka na świat, musimy zrozumieć jedną z najważniejszych reguł zachowania działających w świecie.

Zasada ta odnosi się bezpośrednio do rozumienia świadomości świata. Nie możemy pojąć myśli Boga i właściwych dla Niego sensów, jednak dla rzeczywistego rozumienia nie jest to konieczne. Pomyślcie: czy zawsze i we wszystkim rozumiecie najlepszego przyjaciela czy najbliższego Wam człowieka? Czy możecie powiedzieć, że znacie wszystkie jego myśli, uczucia? Oczywiście, nie. Umiecie czytać myśli, a mimo to nie dany Wam będzie (jak również kochanemu przez Was człowiekowi) pełny dostęp do duszy, świadomości i podświadomości, myśli, uczuć i umysłu innej osoby. Jednak nie przeszkadza to w budowaniu określonego wyobrażenia o danym człowieku – tworzymy w sobie pewne odczucie pozwalające w całości poczuć istotę tego człowieka. Nie mamy przy tym potrzeby odczuwania, o czym konkretnie myśli nasz kolega, wystarczy, że poczujemy, w jakim kierunku biegną jego myśli i zaczniemy cieszyć się wspólnym ruchem.

Nie mamy też potrzeby, by znać szczegółowo wszystkie myśli i odczucia świadomości świata. Najważniejsze, że możemy odczuć podstawowy kierunek, zasadę, istotę. Zasadę – głoszącą, że twórczość i dobro to podstawowe, fundamentalne pojęcia związane z istnieniem człowieka.

Czy jesteście rozczarowani? Wydaje Wam się, że nazbyt trąci to moralizatorstwem? Że to apel o czynienie dobra – nie wiadomo dlaczego, po co, w imię czego?

To nie tak. To nie moralizatorstwo, lecz właśnie reguła, prawo wynikające z fizycznej natury naszego świata; prawo, z którego wynikają praktyczne następstwa, niezależnie od tego, czy ktoś to przyjmie do wiadomości, czy nie.

Zastanówmy się, pomyślmy, dlaczego tak się właśnie rzeczy mają.

Świat posiadający świadomość, jak już wiemy, tworzy bardziej złożone uporządkowanie na bazie uporządkowania mniej złożonego. Na tym zasadza się cały nasz świat. – na ciągłym rozwoju i tworzeniu coraz większej złożoności prawidłowości w nim działających, na tworzeniu coraz bardziej złożonego i rozgałęzionego porządku.

Człowiek, będąc częścią świata i częścią Boga, jest naturalnie produktem tej samej prawidłowości – tworzy bardziej złożone uporządkowanie, wykorzystując energię znajdującą się w prostszych uporządkowaniach i jest z definicji elementem Boga.

Jak z tego wynika, człowiek i Bóg poruszają się w tym samym kierunku. Myśli człowieka, które, jak wiemy, są także myślami Boga, powinny spotykać się z mniejszym oporem w tym samym kierunku ruchu, w którym porusza się świadomość Boga.

Wiemy także, że w świecie istnieje entropia dążąca do zakłócenia każdego uporządkowania. Entropia, dążąc do zniszczenia porządku, zwiększa chaos, ponieważ przy tym uwalnia się energia. Entropii nie można uniknąć – można ją wykorzystać, żeby wydobyć energię potrzebną do istnienia.

Istnieją dwa sposoby wykorzystania entropii. Pierwszy z nich – to po prostu uwolnienie energii otrzymanej z porządku niższego poziomu. Ta energia roznosi się na zewnątrz po tym, jak zmiesza wszystkie uporządkowania i stworzy chaos od razu na kilku poziomach. Podam prosty przykład. Istnieje zestaw szczap reprezentujących porządek niskiego poziomu. Rozpalamy ognisko i wrzucamy do niego szczapy. Zachodzi zburzenie porządku i stworzenie chaosu jednocześnie na kilku poziomach, zniszczeniu ulega sama uporządkowana struktura drewna, a oprócz tego zostaje zakłócony porządek szczap, ponieważ nie ma już dokładnie ułożonych szczap. Ale za to wydziela się mnóstwo energii, mnóstwo ciepła! Jednak jednocześnie powstaje sporo chaosu – jeśli tej energii nie zużyjemy w sposób twórczy. W świecie zwiększyła się ilość entropii. Jeśli nie kontrolować tego procesu, entropia będzie wzrastać i może np. wybuchnąć pożar lasu.

Drugi sposób wykorzystania entropii: zburzywszy jedno uporządkowanie, stworzyć nowe – następnego poziomu, np. uporządkowanie sensów. W tym przypadku bilans entropii nie zmieni się – jedno uporządkowanie zniknęło, pojawiło się nowe, bardziej złożone. Podam przykład. Rozpaliliśmy ognisko, jednak nie ot tak, bez celu, ale żeby wydzielającą się energię jakoś twórczo zużyć, np. przygotować jedzenie. Inny przykład – dobrze podjedliśmy, ale potem nie rozłożyliśmy się na tapczanie, wsłuchując się w męki organizmu spowodowane obżarstwem. Z nowymi siłami rozwinęliśmy tak burzliwą działalność twórczą, że dokonaliśmy odkrycia na rzecz postępu ludzkości i dodatkowo wdrożyliśmy je do produkcji, by mogło być wykorzystane w praktyce. Chaos nie uległ zwiększeniu. Ile zniszczeń dokonaliście w tym świecie (niszcząc zapas produktów), tyle samo twórczości wnieśliście do niego.

Zatem w świecie istnieją dwa sposoby działania. Jeden zwiększa chaos, drugi – nie.

Cóż jednak oznacza zwiększenie chaosu? Powoduje to zakłócenie uporządkowania tego czy innego poziomu. A co odczuwa świadomość podczas zakłócenia uporządkowania? Co się w niej dzieje?

Zachodzi w niej zniszczenie sensów. Zmiana lub zniszczenie znaczeń. Zburzenie uporządkowania oznacza zniszczenie świadomości. A my jesteśmy częścią świata i nasza świadomość też jest częścią świata. Dlatego wszystko, co dzieje się na zewnątrz, zaraz ma swój odzew wewnątrz.

Każde twórcze działanie człowieka zwiększa uporządkowanie w świecie, a zatem zwiększa też osobiste uporządkowanie człowieka, uporządkowanie jego świadomości. Każde niszczące działanie niszczy także samego człowieka, zwiększając chaos w jego świadomości.

Co czujemy, gdy coś jest niszczone poza nami, to znaczy, gdy zniszczeniu ulegają także istniejące w nas znaczenia przedmiotów? Doświadczamy nieprzyjemnych emocji. Smutek, tęsknotę, złość, przykrość. Nieprzypadkowo, niszcząc coś na zewnątrz, niszczymy także swoje własne uporządkowanie. Dokonujemy zniszczenia – a to jest właśnie to, co sami nazywamy złem.

Natomiast kiedy niszczymy uporządkowanie jednego poziomu – bardziej przyziemnego, materialnego – w celu stworzenia uporządkowania bardziej subtelnego, znaczeniowego – nie tylko ulepszamy, doskonalimy nasz świat, powodujemy także, że staje się bardziej złożony i subtelny, ale w ten sposób jeszcze doskonalimy siebie, sprawiamy, że nasza świadomość staje się bardziej złożonym i subtelnym narzędziem. Oznacza to, że twórcze działania każdego człowieka wiążą się nie tylko z większą złożonością znaczeń otaczającego świata, ale także z samodoskonaleniem się. Czego doświadczamy podczas tworzenia? Odczuwamy pozytywne emocje, że powstają nowe sensy, cieszymy się z nowych możliwości procesu poznania. Twórczość jest właśnie tym, co zwykle nazywane jest dobrem.

Kierunek ruchu Boga, jak określa go człowiek, jest tym samym. Bóg zwiększa złożoność i tworzy. W ten sposób, z ludzkiego punktu widzenia, tworzy dobro. Jeśli człowiek nastawił się na taki sam kierunek ruchu – to tworzy i odczuwa świat jako tworzenie, jako coś konstruktywnego.

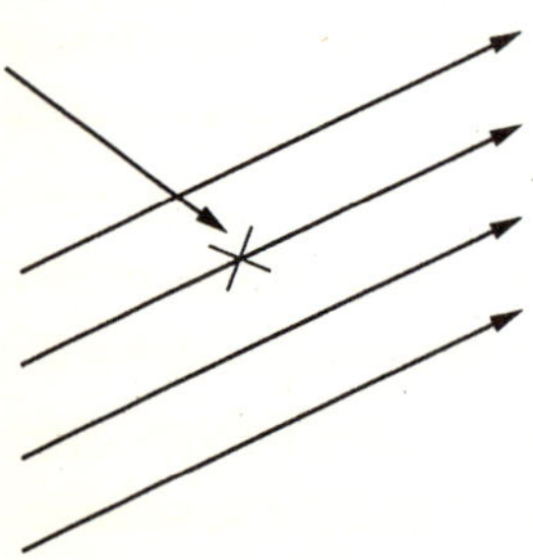

Rys. 9. Wystarczy uzgodnić kierunek ruchu z ruchem otaczającego świata – w przeciwnym razie uporządkowania ulegają wymieszaniu i powstaje chaos, w wyniku czego cierpią obie strony.

Czy zauważyliście, że w naszym świecie życie nie jest możliwe, jeśli w ogóle nic nie ulega zniszczeniu? Głupi jest ten, kto dąży wyłącznie do dobra – tworzenia – i zupełnie odrzuca zło – zniszczenie. Niemożliwe jest stworzenie nowego bez zniszczenia starego. Żeby do głosu doszły siły dobra, żeby zaczęły pracować, trzeba najpierw dać popracować siłom zła. Inna sprawa, że każdy wybiera sam: czy tylko niszczyć (wtedy niszczy także siebie), czy – niszczyć, żeby tworzyć (wtedy tworzy także siebie).

Niestety, pojęcia dobra i zła w ogóle, a szczególnie u człowieka, zależą od punktu widzenia.

Policjant z drogówki wlepił nam mandat, ponieważ przyłapał nas na jeździe po piwku – nazwaliśmy to złem. Komuniści podobnie jak faszyści uważali, że tworzą dobro, jednak dla wielu było to zło w czystej postaci. Szamanowi nie podoba się, że ktoś z jego plemienia uczy się czytać – przez to mógłby już nie mieć nad nim władzy – wobec tego głosi, że umiejętność czytania i pisania jest złem. Różne oceny dobra i zła pojawiają się wtedy, gdy pojawia się granica między dwoma układami uporządkowań tego samego poziomu. Kierowca prowadzący samochód pod wpływem alkoholu postrzega siebie jako jedno uporządkowanie, a policjanta – jako inne. Szaman utożsamia prawa swojego plemienia z własnym nienaruszalnym terytorium i we wszystkim, co nie wpisuje się w te prawa, upatruje innego, wrogiego porządku. Ale Bóg – przecież jest światem – jest jeden, nie ma w nim granic.

Świat jest znacznie większy niż Rosja, Niemcy, a tym bardziej plemię szamana. Wcześniej czy później wszystko stanie na swoim miejscu, ponieważ świat, Bóg i ludzie wciąż poruszają się po drodze twórczości. A to oznacza, że linia ruchu jednego człowieka, nawet bardzo silnego, wcześniej czy później (może nie w tym życiu i nawet nie w następnym, a po upływie wielu istnień) zostanie skierowana na drogę tworzenia nowych znaczeń i zwiększenia złożoności porządku świata. Świetnie pasuje tu analogia z kupą piachu, którą wcześniej czy później rozmiecie wiatr (mimo że drobinki piasku ze wszystkich sił chciałyby być w siebie wczepione w tej górze piachu). Podobnie ma się rzecz z trawą, która zawsze przebije się przez ziemię, mimo że palą ją i wydeptują.

Jeśli głównym kierunkiem rozwoju świata jest tworzenie nowego poprzez niszczenie starego, to człowiek, który nie tworzy, tylko niszczy, będzie stale odrzucany z drogi ewolucji, w wyniku czego wciąż będzie doświadczać strasznych cierpień. Potrwa to tak długo, aż zmądrzeje i zrozumie, że należy przejść na drogę tworzenia, że trzeba zrobić to dla swojego dobra, by w końcu przestać niszczyć siebie i cierpieć.

Wygrana statystycznie zawsze będzie po stronie twórczości i dobra. Nie mam zamiaru ani Was agitować, żebyście jak najszybciej zaczęli tworzyć dobro, ani z pianą na ustach wystawać na każdym rogu i wykrzykiwać swoje przekonania na temat dobra i zła. Nigdy nie należy zapominać o tym, że tam, gdzie mamy do czynienia z osobistym punktem widzenia, opinia o dobru i złu dla wszystkich jest zawsze nieprawdziwa. Rozstrzygnięcie, czym jest dobro, decyduje się zawsze w ramach całego świata. Odwołuję się tylko do Waszego racjonalizmu. Twórczość jest korzystniejsza, ponieważ w przebiegu tworzenia jest większe prawdopodobieństwo stworzenia nowych znaczeń, a nie niszczenia starych, co oznacza większą szansę tworzenia, zwiększenia złożoności i doskonalenia, nie zaś niszczenia siebie. Teraz czas na wniosek.

Dla człowieka bardziej korzystna jest twórczość: tworzenie nowego, powstanie nowych znaczeń, zwiększenie złożoności świata. Dla człowieka bardziej korzystne jest dobro. Zniszczenie znaczeń, rozdzielenie uporządkowań bez stworzenia nowych przeczy ruchowi świata i nie jest niczym usprawiedliwione.

Siła skryta w myśli

Gotowi jesteśmy zbadać mechanizmy, dzięki którym myśl potrafi wpływać na otaczający świat. Myśl jest narzędziem ogromnej siły. Fakt ten nie dziwi, przecież myśl człowieka jest myślą Boga, tworzy sens świata i oddziałuje na znaczenia zjawisk, a zatem – na ruchy tego świata.

Myśl może oddziaływać na świat dwoma głównymi sposobami. Po pierwsze, potrafi bezpośrednio wywierać wpływ na zdarzenia. Aby tak się stało, nie ma potrzeby odwoływania się do sił wyższych, ponieważ Wasza myśl jest już jedną z myśli światowej świadomości.

Po drugie, myśl może wpływać na świat w sposób bardziej pośredni, ale też wygodniejszy dla człowieka, dzięki dodaniu nowych znaczeń do zjawisk świata.

Zbadamy oba mechanizmy.

Myśl wpływa na świat

Od niepamiętnych czasów ludzkość zastanawiała się nad pytaniem, czy myśl może wpływać na materię. Iluż filozofów łamało sobie nad tym głowę!

Jednak, jak to często bywa, badacze pominęli prosty fakt: ludzka myśl i tak rządzi materią. To, co najbardziej oczywiste i podstawowe, często przechodzi niezauważalnie.

Popatrzcie na swoją rękę. Palce zginają się pod wpływem działania mięśni. Dokonał się cud! Za pomocą myśli właśnie wprawiliście w ruch materię swoich palców. Czy to nie cud?

Rozumiem, dlaczego oponujecie. Palce zginają się pod wpływem mięśni; mięśnie, zużywając energię, skracają się dzięki impulsowi nerwowemu; impuls nerwowy pochodzi z mózgu, dlatego że... Dlatego, że co? Dlatego, że w mózgu znajduje się nasza świadomość? I co z tego? Czyżby fakt, że świadomość znajduje się w mózgu i że mięsień ulega skróceniu pod wpływem przyczyn całkowicie materialnych, stoi w sprzeczności z faktem, że niematerialna myśl wprawiła w ruch kaskadę materialnych procesów – stała się ich przyczyną!

Zatem myśl, będąc niematerialna, potrafi wprawić w ruch materię. Mimo że materia porusza się wskutek działania obiektywnych wpływów, przyczyną tego ruchu jest sama myśl.

To, co niematerialne, spowodowało w pełni odczuwalny fizyczny, materialny ruch.

Nawet jeśli zgodzić się z wnioskiem wyciągniętym przed chwilą, może pojawić się następne zastrzeżenie: Możliwe, że myśl potrafi przesunąć równowagę niezbilansowanego procesu w mózgu, początkując w ten sposób długi łańcuch reakcji w kwestii zwiększenia sygnału. Jednak natura stworzyła mózg po to, żeby produkował impulsy nerwowe, a palec po to, żeby zginał się pod wpływem skrócenia mięśni po przekazaniu impulsu nerwowego!

Sprawa wygląda zupełnie inaczej z dowolnie wziętym przedmiotem znajdującym się poza naszym ciałem, tj. poza strukturą zwiększającą materialne przejawienie się myśli. Przedmiot sam z siebie nie może się przemieszczać!

Oczywiście, że nie może. Jednak palec też sam z siebie się nie poruszy – w tym celu potrzebne są mięśnie, czyli przyczyny materialne.

A czy na przykład kamień może poruszyć się pod wpływem innego kamienia? Może. Oznacza to, że kamień przez naturę jest przygotowany do ruchu pod wpływem przyczyn materialnych.

Jednak powstaje kolejne zastrzeżenie: przecież w naszym ciele istnieje struktura procesów, w którą należy włączyć też palec! Nerwy, mięśnie...

Czyżby kamień nie był częścią świata przebywającego w ruchu? Jest, podobnie jak palec jest częścią ciała.

I oto ostatnie już zastrzeżenie: przecież ciało łączy jednolity łańcuch procesów, których przyczyną jest nasza świadomość!

Odpowiemy: świat także połączony jest procesami, których przyczyną jest świadomość świata – Bóg.

Teraz już ostatecznie dobijemy naszego oponenta, przypominając kilka spraw. Człowiek jest częścią świata. Myśl człowieka jest jedną z myśli świata. Myśl może wpływać na zdarzenia, tj. na ruch materii w dowolnej części świata, a ograniczeniem jest tylko to, że nie wszystkie zdarzenia mogą stać się obiektem ludzkiej uwagi. Podstawowe działanie myśli na materię wyjaśniliśmy przed chwilą.

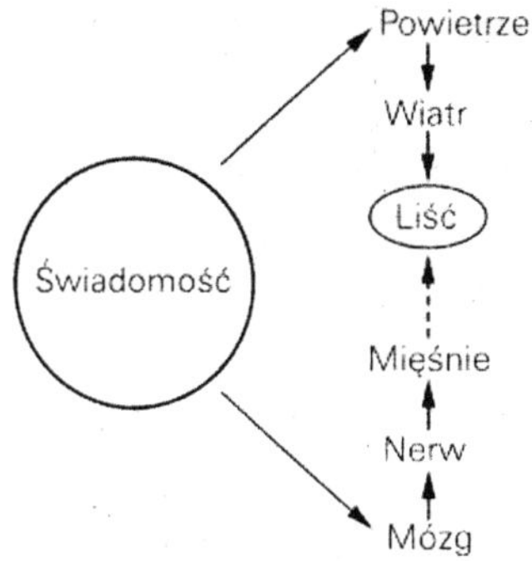

Rys. 10. Niematerialna świadomość wpływa na ruch materii... Jaka to różnica, co poruszy liść – ręka czy wiatr?

Teraz pozostaje już odpowiedzieć tylko na jedno pytanie: w jakich okolicznościach myśl potrafi wywrzeć ten wpływ? Doświadczenia dnia codziennego pokazują, że nawet w wypadku uporczywego hipnotyzowania czajnika woda nie zawrze, jeśli pod czajnikiem nie ma ognia. Wobec tego jak można czynić cuda? Chociaż, spieszę poprawić, nie cuda, gdyż cud, którego mechanizm zostanie rozszyfrowany, nie jest już cudem. Jak wpływać na materię i zdarzenia?

Rzecz jasna, należy przestrzegać określonych warunków. Istnieje przecież pewna różnica między myśleniem o tym, jak porusza się ręka, a tym, żeby naprawdę nią poruszyć.

Pomyślmy... Po pierwsze, to jasne, że myśl sama w sobie okazuje nieznaczny wpływ – w przeciwnym razie do szybkiego reagowania nie byłaby potrzebna taka imponująca struktura, jaką jest mózg. Wpływ myśli przejawia się na poziomie molekuł – i dobrze, że molekuł, a nie atomów, lub jeszcze gorzej – elektronów!

Im słabszy wpływ, tym dłuższa powinna być kaskada zwiększających się reakcji, aby w ogóle proces został zauważony. To znaczy: wymagany jest czas.

Wymóg czasu jest potwierdzony przez jeszcze jeden fakt: nie znamy żadnych specyficznych pól, które byłyby właściwe myśli. Wynika z tego, że jedynym sposobem, dzięki któremu myśl może uruchamiać proces w materii, jest przesunięcie prawdopodobieństwa procesów. Tak właśnie zbudowane są subtelne receptory – wystarczy, gdy jest przewaga kilku molekuł i proces się zacznie – tj. zgranie się zachodzi „jakby" przypadkowo. Do zapoczątkowania w świecie kaskady procesów, które w ostatecznym rozrachunku doprowadzą do przesunięcia kamienia, znowu potrzebny jest czas. Czas jest czynnikiem numer jeden – należy brać go pod uwagę.

Czynnik numer dwa: przestrzeganie warunków granicznych. Istnieją niezmienne, nienaruszalne prawa, na których opiera się praca świata, a więc jest to zasada działania świadomości Boga. Na świecie nie działają żadne mistyczne siły – mistyczna jest kolejność i rezultat wpływu sił i praw działających w świecie. Rozczarują się ci, którzy sądzą, że cud to zdarzenie naruszające prawa świata. Nie, prawa świata są niezmienne. Cudem jest miejsce i czas w pełni naturalnego, choć może najmniej prawdopodobnego zdarzenia, w rodzaju zmartwychwstania człowieka. Cud, w wyobrażeniu większości ludzi, zachodzi wtedy, gdy coś powstaje z niczego. Jednak w rzeczywistości nic nie powstaje z niczego. Żeby np. na stole pojawił się kawałek sera, powinno coś się przed tym wydarzyć (gdzieś powinien zniknąć, powinien wypaść wronie z dzioba, dematerializować się w jednym punkcie przestrzeni i materializować się w innym, być rezultatem złożonej reakcji chemicznej itd.).Tak po prostu, z powietrza, bez żadnej przyczyny żaden obiekt nie może się zmaterializować. Dlatego aby myśl mogła coś stworzyć, powinna uwzględnić logikę świata i przestrzegać jej. Myśl nie może zrodzić zdarzenia, które w zasadzie nie może mieć miejsca; może jednak podpowiedzieć drogę możliwemu zdarzeniu, utorować mu drogę do urzeczywistnienia się.

Czynnik numer trzy: energia. Wiemy, że dla zwiększenia uporządkowania jednego poziomu powinno zostać zniszczone bardziej przyziemne, pospolite uporządkowanie innego poziomu. Wtedy zdarzenie może mieć miejsce. Zdarzenie nie może się wydarzyć bez energii uwolnionej podczas zniszczenia.

Czynnik numer cztery: siła oddziaływania. Doskonale rozumiemy, że kamień, który zamierzamy przesunąć, jest częścią świata, a zatem częścią świadomości Boga. Wobec tego powinny istnieć ważkie przyczyny, żeby go poruszyć. Znaczy to, że myśl powinna posiadać wystarczającą siłę, a człowiek – niezbędny emocjonalny potencjał po to, by stworzyć taką myśl. Oprócz tego istnieje jeszcze szereg mechanizmów mogących zwiększyć oddziaływanie myśli. O tym powiemy nieco później.

Czynnik numer pięć wynika ze wszystkich poprzednich rozważań: myśl powinna być twórcza, w przeciwnym razie cały świat będzie przeciwstawiał się jej realizacji, a w przypadku sukcesu – doprowadzi do negatywnych rezultatów oddziaływania.

Na dobrą sprawę, istnieje jeszcze minimum jeden dowód fizycznej możliwości bezpośredniego oddziaływania myśli na świat. Dotyczy znanego nam już pojęcia entropii. Entropia dąży do równomiernego rozłożenia się pod względem objętości. Jeśli np. wpuścimy kroplę atramentu do wody, to wkrótce równomiernie wszystko się wymiesza. Entropia zachowuje się tak samo – chce zająć całą dostępną przestrzeń. Myśl – to proces ogromnego uporządkowania. Zatem, zmieniając rozłożenie tego uporządkowania, tzn. ukierunkowując myśl, wymuszamy jednocześnie, by entropia zmieniła swoje rozmieszczenie. Entropia realizuje się przecież dzięki przypadkowości, dzięki statystycznemu rozłożeniu zdarzeń. A myśl wpływa na przypadkowość, kierując ją w potrzebne koryto. Ten mechanizm nie znosi konieczności uwzględniania faktów, o których mówiliśmy.

Nie będziemy jednak zagłębiać się w fizykę. Na razie wszystko podsumujemy.

Myśl ludzka, jako jedna z myśli Boga, może oddziaływać na zdarzenia bezpośrednio, będąc odwrotną stroną każdego procesu fizycznego. Rozmiar i dystans oddziaływania myśli są nieograniczone. Myśl oddziałuje na zdarzenia na poziomie zmiany ich prawdopodobieństwa, w wyniku czego, aby osiągnąć sukces oddziaływania, koniecznie należy uwzględnić szereg czynników: czas, możliwości, energię, siłę i twórczość.

Myśl tworzy świat

Myśl człowieka może oddziaływać na świat niekoniecznie wprost. Może wpływać na niego w sposób pośredni, zmieniając znaczenia przedmiotów i zdarzeń w procesie tworzenia tych znaczeń.

To metoda pośrednia. Jest potężniejsza od bezpośredniej, działa tu rząd dodatkowych mechanizmów. Mówiliśmy już, że myśl wykorzystuje kaskadowy wzmacniacz naszego ciała, żeby wpływać na przedmioty. W charakterze uzupełnienia możemy wykorzystać także to, że nie interesują nas zdarzenia w życiu, nie fakty z niego, ale znaczenia tych faktów – czyli nasze współdziałanie – wzajemne oddziaływanie ze zdarzeniami.

Wiemy już, że człowiek poznaje realność, tworząc w sobie porównanie badanego uporządkowania ze swoim zestawem znaczeń. Wiemy też, że subiektywna realność wyższego poziomu może być obiektywną realnością niższego poziomu.

Jednak czy nasz zestaw znaczeń nie wpływa na wzajemne oddziaływanie ze światem?

Okazuje się, że wpływa i to bardzo! Przecież od tego, jakie znaczenie przydamy zdarzeniom, zależy nie tylko nasze z nimi oddziaływanie, ale jeszcze to, które zdarzenia zauważymy jako następne – tj. jaką drogą będzie przebiegać stworzenie naszego osobistego wszechświata! Nie na darmo mówiliśmy, że człowiek poznaje tylko ograniczoną część świata, w dodatku nadając jej swoje znaczenia!

Rozpatrzmy pewien przykład. Interesuje nas to, co wydarzy się w przyszłym tygodniu z naszym znajomym, Piotrkiem. Załóżmy, że ciekawość wynika z faktu, że jest nam winien pieniądze. Piotr po trzech dniach na zawsze wyjechał za granicę. Zmartwiliśmy się, jest nam smutno.

Gdy jednak nie oczekiwaliśmy zwrotu pieniędzy, nie martwi nas wyjazd Piotrka. Powiem więcej – możemy nawet nie dowiedzieć się o jego wyjeździe! Okazuje się, że znaczenie, które posiadał przyszły tydzień w odniesieniu do znajomego, określa nie tylko nasze oddziaływanie ze zdarzeniami (odda dług czy nie, ucieszymy się czy zasmucimy), ale obecność lub brak Piotra w naszym osobistym wszechświecie, w naszej sferze percepcji! Możemy przydać Piotrowi znaczenie – wtedy dla nas zaistnieje, będzie kimś ważnym i znaczącym. Możemy nie przydawać mu żadnego znaczenia – wtedy dla nas nie istnieje, ponieważ w naszej osobistej realności od niego zupełnie nic nie zależy.

Takie sytuacje zdarzają się nawet wtedy, gdy mamy do czynienia z własną świadomością. Co się dzieje, jeśli zmienia się znaczenie tego czy innego faktu w zbiorowym umyśle ludzkości?

Przecież od znaczenia przedmiotu w zbiorowej świadomości zależy właściwie wszystko: to, jaka będzie przyszłość Piotra (nietrudno przepowiedzieć wariant, w którym donikąd nie pojedzie z powodu okoliczności od niego niezależnych), jakie będą nasze z nim relacje (otrzymaliśmy znaczną kwotę pieniędzy i mamy teraz Piotra w nosie), koncentracja energii na znajomym oraz to, czy ktoś kiedyś wspomni go, czy nie.

Nie będę już dłużej Was dręczyć. Chodzi o to, że każdy przedmiot posiada kilka znaczeń. Jedno z nich – to nasze indywidualne znaczenie. To znaczenie subiektywne będące jednym ze znaczeń tego przedmiotu dla Boga. Inne znaczenie – to znaczenie zbiorowe. Jest obiektywne – to suma dużej ilości znaczeń dla Boga. Tym samym jest bardziej potężne (pamiętacie, niedawno mówiliśmy o sile oddziaływania?). Jest obiektywne także dla Was. To Wasza obiektywna realność.

Czym jest obiektywizm? To niezależność zjawiska od indywidualnej świadomości. Jeśli np. dyrektor jest w Waszym odczuciu idiotą, to w oczach swojej żony jest ukochanym naczelnikiem, dla sąsiadów – dusza, nie człowiek, dla sekretarki – też niczego sobie... Człowiek postronny, po raz pierwszy ujrzawszy dyrektora, w życiu nie znajdzie takiego samego określenia, jakie nadaliście dyrektorowi (choć, oczywiście, spotyka się i takich osobników, którym niepochlebny epitet „idiota" nadaje dziewięć osób na dziesięć).

Dlaczego? Ponieważ to Wasze subiektywne odczucie. Jeśli przeprowadzimy eksperyment, otrzymamy najróżnorodniejszą ilość charakterystyk dyrektora rozłożonych wedle wszystkich reguł teorii prawdopodobieństwa.

Oto inny przykład – z czarnym kotem. Wiemy, że przynosi nieszczęście i słusznie uważamy, że to przesąd. Ponieważ w to nie wierzymy, czarny kot w żaden sposób nie będzie miał na nas wpływu! Jednak gdyby przeprowadzić doświadczenie... Studenci spieszą się na egzaminy. Połowie z nich wypuszcza się czarnego kota na drogę. Potem sprawdza się wyniki egzaminów. I co się okazuje? Ci, którym drogę przebiegł kot, mają gorsze oceny!

Rzecz jasna, gdyby na miejscu studentów były roboty nieposiadające świadomości, wynik byłby inny... Jednak to tak, jakby chcieć obalić teorię przyciągania ziemskiego i twierdzić, że gdyby kamień nic nie ważył, nie spadałby na ziemię. Nawiasem mówiąc, w fizyce istnieje pewna zasada – zasada nieokreśloności Heisenberga głosząca, że nie można precyzyjnie sądzić o zdarzeniu, kiedy narzędzie obserwacji ma wpływ na wydarzenia. Ponieważ świadomość oddziałuje na materię, nie byłbym pewien braku wpływu czarnego kota na roboty. Prędzej już na odwrót.

Znaczenie zachowane w kolektywnej świadomości jest całkowicie obiektywne – musimy to przyznać! Pamiętacie, jak mówiliśmy, że subiektywna realność wyższego poziomu stanowi dla poziomu niższego realność obiektywną. To, jak widzimy, jest prawdą.

Przecież podczas oddziaływań ze zdarzeniami, korzystamy nie tylko ze swoich, ale także z kolektywnych znaczeń. A one dyktują charakter oczekiwań, charakter wzajemnych oddziaływań oraz to, czy dany obiekt będzie wybrany jako obiekt naszej uwagi... Określają, jaką część ogromnego świata zewnętrznego będziemy poznawać i wreszcie – jakie sensy nadamy rezultatom naszego poznania!

Teraz jesteśmy gotowi do wyciągnięcia wstępnego, oszałamiającego wniosku: zmiana kolektywnych znaczeń tworzy świat człowieka, określając drogę i charakter poznania zewnętrznej nieskończoności światowych zdarzeń.

Między świadomością człowieka a świadomością Boga leży warstwa pośrednia – świadomość ludzkości. Nasza subiektywna realność nie mieszka w realności materialnej, w następnej warstwie realności subiektywnej określanej przez zbiorową świadomość z jej zestawem znaczeń, ale istnieje w warstwie końcowej realności określanej przez sensy światowej świadomości. Bardzo to przypomina matrioszki. Malutka matrioszka (tylko nie matrioszka, a każda figurka, przy czym wewnętrzna niekoniecznie musi powtarzać następną) znajduje się wewnątrz większej, ta – w kolejnej, następna – w kolejnej itd... Każda z nich widzi kolejną matrioszkę od środka, ale przez nią nic nie widzi.

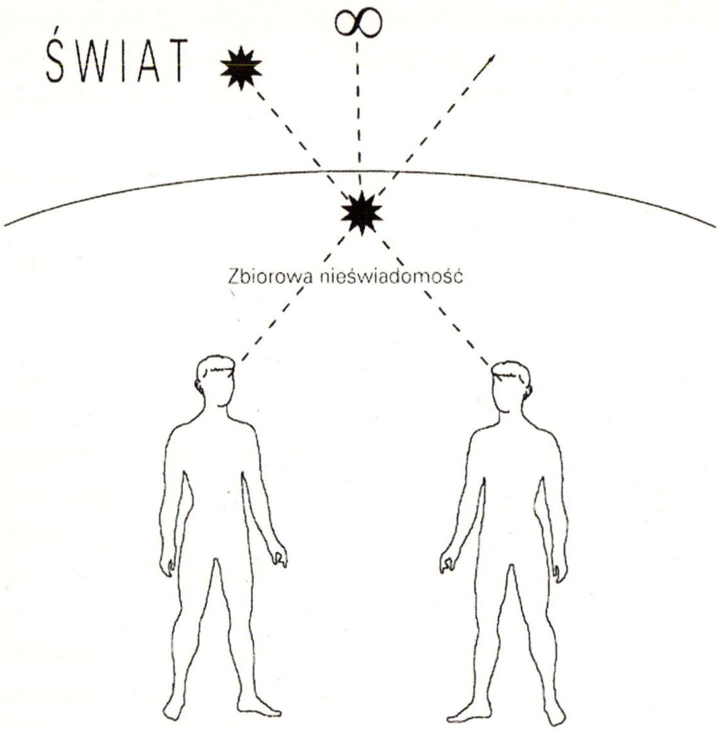

Rys. 11. Zjawiska zbiorowej nieświadomości postrzega wielu, są one zatem obiektywne. Jednak Wszechświat jest nieskończenie różnorodny i mogą być z niego wybrane różne zjawiska... A wyboru dokonuje – zbiorowa nieświadomość!

Ponieważ świat i jego zdarzenia prezentują nieskończoną różnorodność, wystarczy zmienić kierunek „spojrzenia" zbiorowej świadomości, żeby w naszym polu widzenia znalazła się zupełnie inna część świata zewnętrznego. Zmiana kolektywnych znaczeń wpływa na kraniec, którym w stosunku do nas otworzy się świat, tworząc nowy kierunek rozwoju zbiorowej realności, nową warstwę indywidualnego świata. W porównaniu z oddziaływaniem jednej osoby ma to większą moc.

Znów muszę się powstrzymać – zaczęty przeze mnie temat, z powodu swej ogromnej wagi, można by rozwijać w nieskończoność. Jednak dla realizacji naszych celów nie ma on znaczenia – nie ma różnicy, czy wpływamy na cały świat w jego realności, czy tylko zwracamy go ku sobie odpowiednim krańcem. Najważniejszy jest efekt. Jeśli jest oddziaływanie – jest także rezultat.

A przecież możemy z łatwością wywrzeć wpływ na kolektywne znaczenia...

Myśl może wpływać na zbiorową realność ludzkości, tworząc w ten sposób nowy kierunek w rozwoju ludzkiej realności i popychając zdarzenia, które mają człowieka spotkać, we właściwym kierunku.

MYŚL STWARZAJĄCA

Trzymamy w rękach, a – ściślej mówiąc – mamy w głowie narzędzie zadziwiające pod względem mocy. To świadomość posługująca się myślami.

Myśl jest w stanie oddziaływać na materię, potrafi także wpływać na znaczenia przedmiotów w świadomości indywidualnej i w kolektywnym umyśle ludzkości. Myśl jednocześnie wpływa na świat i tworzy jego zdarzenia dla nas, wyodrębniając je z nieznanego.

Oczywiście, możemy to wykorzystać!

Musimy tylko poznać reguły, w których myśl zaczyna pracować. Wyjaśniliśmy już, że w pracy myśli nie ma nic mistycznego – i reguł świata nikt nie zmienia, nikt nie unieważnia. Zatem oddziaływanie myślą będzie skuteczne tylko wtedy, gdy będziemy przestrzegać tych reguł.

Przy ich przestrzeganiu myśl potrafi wiele zdziałać. Musimy nauczyć się technik bezpośredniego oddziaływania, technik powolnych myśli, które stanowią wygodny sposób stałego oddziaływania ze światem. Musimy opanować także metody zmian znaczenia zdarzeń i przedmiotów w sobie i w innych...

Szykujmy się do opanowania metod tworzących świat.

Reguły twórczości

Oddziałując na świat, wpływamy na uporządkowanie będące składową podstawy świadomości Wszechświata. Dlatego od razu powstaje pytanie: na ile sam nasz wpływ jest słuszny, prawidłowy – przecież możemy ingerować w zdarzenia, które ukierunkowuje bezpośrednio światowa świadomość. Spieszę Was uspokoić. Między nami i wyższą świadomością nie zachodzi żadna bezpośrednia interferencja mogąca wywołać zakłócenie planów świadomości świata.

Wiemy już, że niemożliwe jest ogarnięcie świadomości bardziej złożonego poziomu, przeniknięcie jej, ponieważ nie mamy możliwości obserwowania przyczyn i następstw jej działań. W naszej świadomości nie ma sensów obecnych w świadomości wyższej. A zatem nie posiadamy w sobie uporządkowania stosownego dla wyższej świadomości. Wobec tego nasze zachowanie nie może w sposób planowy interferować z wyższą świadomością. Nie jesteśmy w stanie niczego zakłócić, podobnie jak zachowanie rybki w akwarium nie ma wpływu na naszą karierę.

W tej kwestii jesteśmy wolni – w świecie jest jeszcze tyle niestworzonej realności, że możemy bez przeszkód stwarzać coś własnego. Zderzenia twarzą w twarz nie ma, ale pośredniego oddziaływania jest co niemiara.

Nasz świat posiada mnóstwo prawidłowości składających się na najbardziej podstawową część jego struktury. Dlatego koniecznie powinniśmy je brać pod uwagę – myśl będzie wtedy oddziaływać tak jak należy (żeby nie było jak w piosence Ałły Pugaczowej o niedouczonym magu). Często tak bywa, że człowiek dąży do określonego celu i niby robi wszystko, by go osiągnąć – a otrzymuje coś zupełnie przeciwnego. Dlaczego? – ponieważ nie działał w zgodzie z regułami rządzącymi światem. To, co sobie wymyślił, w żadnym razie nie wpisywało się w struktury świata. Chciał „zrobić kozła", jednak jest takie zatrzęsienie kozłów, że dodatkowy okazałby się zbędny – zakłóciłby naturalny bilans ekologiczny. Ponieważ jednak energia w stworzenie kozła została już zainwestowana, nie mogła zniknąć ot tak sobie, iść donikąd – tak „otrzymaliśmy burzę" – energia wcieliła się w realne zjawisko. Zjawisko okazało się zgodne ze strukturami świata, w dodatku sprzyjało oczyszczeniu go ze wszystkich głupich myśli i niedorzecznych pomysłów. Dlatego nie można osiągnąć sukcesu, próbując w realności stworzyć to, co nie wpisuje się w realność i jest przez nią odrzucane.

Jest kilka reguł – nieuciążliwych, jeśli się do nich przyzwyczaić. Przecież nawet najprostsze ludzkie działanie wymaga wypełnienia mnóstwa zasad. A im bardziej złożone jest działanie, które chcemy wykonać, tym bogatszy zbiór narzędzi oraz sztuka ich wykorzystania. W życiu wykonujemy zarówno proste, jak i złożone działania, próbujemy zrozumieć reguły nimi rządzące – i jakoś dajemy sobie radę. Oczywiście, czasem trzeba włożyć pewien wysiłek w opanowanie zasady – ale jeśli ją doskonale opanujemy, to (jak mówią Rosjanie): „Każdy może pić, powinien tylko wiedzieć co, gdzie i z kim" – nie grozi nam niebezpieczeństwo, jeśli tylko skutecznie poradzimy sobie z zadaniem.

Niektóre reguły wspominaliśmy już wcześniej – aby oddziaływanie było efektywne, należy uwzględnić zasady czasu, energii, siły, nieprzeciwstawiania się prawom świata, twórczości. Dodamy jeszcze jedną: zasadę logiki.

jednak nie odeszła. Dlaczego nie można zmienić tego, co już zaistniało? Ponieważ gdy się dokonało, stało się jednocześnie częścią świata – wszystkich jego znaczeń, w tym także Was, skoro już to zobaczyliście.

To samo odnosi się do przyczyny zdarzenia. Jej przejawienie się w świecie z pewnością pociągnie za sobą skutki. Jeśli kamień oderwał się i poleciał w przepaść, to jego upadek jest nieunikniony.

Ograniczenie numer trzy: nie uda się zmienić zdarzeń zachodzących z człowiekiem i mających moc siły wyższej. Jeśli nie macie dość siły do zmiany zdarzeń w sposób bezpośredni, oddziałując fizycznie, prawdopodobnie Wasza myśl też nie będzie miała na to dość siły. Jeśli skoczy na Was pies i nie będziecie mogli go powstrzymać ani dzięki siłom fizycznym, ani za pomocą technik trzeciego stopnia DEIR, z pewnością nie dacie rady tego zrobić bezpośrednio swoją myślą. Istnieją inne drogi.

Ograniczenie numer cztery: Jeśli oddziaływanie niszczy istniejące uporządkowanie, a nie modyfikuje go i nie tworzy nowego, to rezultaty zostaną sprowadzone do zera przez niezależne zdarzenia. Stanie się tak, ponieważ świat sam odbudowuje zakłócenia.

Stąd biorą się reguły, których koniecznie musimy przestrzegać w trakcie oddziaływania. Nie można wpływać na zdarzenie przejawione lub na takie, którego przyczyny już się pojawiły, tzn. nie można tego zmienić. Jednak można oddziaływać na, póki co, niedostrzegalny, niewidoczny bieg zdarzeń, planując taki wariant rozwoju wypadków, którego rezultat nas zadowoli. Podczas takiego planowania należy pamiętać o tym, że im większa jest skala rezultatu, tym więcej czasu będzie potrzeba, by inicjowana przez Was kaskada zdarzeń nabrała niezbędnej siły – a więc oddziaływanie trzeba zacząć odpowiednio wcześnie. Podczas planowania możliwego biegu zdarzeń koniecznie należy uwzględnić, skąd weźmiecie energię do realizacji swego oddziaływania – pamiętajcie o tym, że gdzieś musi ulec zwiększeniu entropia. Myśl powinna zostać skierowana z odpowiednią siłą – wykorzystamy zatem emocjonalny wektor.

Przeanalizujmy wszystko, co powiedzieliśmy w oparciu o przykład wzięty z życia, choć, oczywiście, pokazuje on tylko samą zasadę.

Załóżmy, że musimy wygrać konkurs, aby otrzymać pracę. Zdarzenie jeszcze się nie odbyło. Zatem nie zostało przejawione i możemy zastosować metody bezpośredniego oddziaływania, np. powolną myśl. Jednak warto się zabezpieczyć – dlatego lepiej, by konkurentów było jak najmniej. Ilość konkurentów też jest na razie zdarzeniem nieprzejawionym. Wykorzystamy tę samą technikę, żeby uwolnić się od rywali – zaplanować ich rezygnację z walki. W tym celu potrzebna nam będzie energia, a weźmiemy ją, planując choćby złą pogodę (lub określając porę spaceru podczas złej pogody, co właściwie oznacza to samo). Żeby oddziaływanie było znacznie silniejsze, tworzymy wektor emocjonalny na otrzymanie tej pracy. Zaczynamy działać wcześniej, tj. kilka dni przed planowanym konkursem (czas rozpoczęcia działań z łatwością wychwycicie na podstawie zmian reżimu strefowości, który opanowaliśmy na pierwszym etapie piątego stopnia DEIR – łańcuch drobnych niepowodzeń lawinowo wzrośnie, co będzie oznaczać, że zaczęliście oddziaływać z zewnętrznymi procesami prawdopodobieństw).

W danym przypadku oddziaływanie rozpoczęło się po upływie dwóch dni i otrzymaliście pracę... Należy nadmienić, że w owej firmie otrzymanie jej było wprost nieprawdopodobne.

Jednak w praktyce wszystko jest o wiele łatwiejsze. Jeśli zdarzenie jeszcze nie miało miejsca, wystarczy zaplanować kolejność zdarzeń prowadzących do jego pojawienia się. Jeśli zdarzenie już się odbyło – cóż, świat nie stoi w miejscu i konsekwencje zdarzenia nie muszą przecież rozwijać się w jednym kierunku i proces ten można korygować. Należy tylko planować, wprowadzać do świata prawdopodobne zdarzenia i uwzględniać przy tym czynniki, o których tak dużo mówiliśmy: czas, energię, siłę. I, oczywiście, twórczość.

Twórczość oznacza, że im mniejsza zmiana, tym lepiej. Im mniej będziemy zmieniać istniejące znaczenia, tym lepiej. Zawsze lepiej jest oddziaływać na przyszłość, tworzyć nowe zdarzenia, kierować bieżące procesy w potrzebną stronę. Nie przerabiać, ale nadbudowywać. Tak jest nie tylko łatwiej, ale i pewniej.

Aby oddziaływania na świat zakończyły się pomyślnie – rezultatem, jakiego oczekiwaliśmy – musimy uwzględnić czas oddziaływania, energię do urzeczywistnienia zdarzeń, siłę samego oddziaływania, siłę i logikę świata. Należy działać tak, by dotykać, czyli wykorzystać części świata najbardziej podatne na zmiany – jeszcze nieprzejawione zdarzenia, prawdopodobieństwa. Należy nadbudowywać znaczenia, a nie je zmieniać, niszcząc już istniejące. Należy tworzyć przyszłość, nie zmieniając przeszłości. Tworzyć, nie niszczyć.

Zmiana biegu zdarzeń

Przedyskutowaliśmy właśnie, w jaki sposób najłatwiej zmieniać świat. Wywnioskowaliśmy, że najlepiej zmieniać świat w kierunku wymagającym tworzenia, a nie niszczenia. To właśnie takie zmiany leżą w nurcie ruchu Wszechświata. Mówiąc umownie, łatwiej stworzyć coś z nieprzejawionego, nieuwidocznionego, niż niszczyć już przejawione w celu otrzymania czegoś innego. Jeśli przełożyć tę wiedzę na język codzienności, można powiedzieć tak: jeśli kobieta chce wyjść za mąż, lepiej będzie, jeśli – zamiast niszczyć czyjąś rodzinę, ukierunkuje się na poszukiwania nieżonatego mężczyzny. Jeśli chcecie zbudować dom, lepiej kupić niezabudowany kawał ziemi niż ziemię z na wpół rozwalającą się ruderą wymagającą dobudówki. Nieprzypadkowo powstało takie powiedzenie: lepiej od zera stworzyć coś nowego niż przerabiać to, co stare.

Mam nadzieję, że opanowaliście już tę zasadę wraz z innymi podstawowymi zasadami zmiany świata przedstawionymi w poprzednich rozdziałach. Do rozumienia zasad dobrze jest jednak dodać jeszcze znajomość technik, bez których zasady na nic by się nie zdały.

Przede wszystkim powinniśmy opanować metody umożliwiające bezpośrednie wpływanie na bieg zewnętrznych wydarzeń. Podam kilka przykładów. Widzimy, że czyjś samochód, stojąc pod naszym oknem, zanieczyszcza powietrze (jego silnik wciąż pracuje). Oczywiście chcemy, żeby auto odjechało jak najszybciej. Inny przykład: w ogródku przy domku letniskowym obsadziliśmy truskawkami kilka grządek i teraz chcemy, by owoce pojawiły się jak najszybciej oraz by było ich jak najwięcej. W sklepie mamy towar, który chcemy sprzedać jak najprędzej. Bardzo interesuje nas praca w firmie, w której właśnie jest wakat.

Co możemy zrobić w każdej z tych sytuacji, aby nasze działanie zakończyło się sukcesem?

Możemy zastosować techniki zmiany biegu zdarzeń w kierunku nas satysfakcjonującym.

Kiedy możemy je zastosować?

Wtedy, gdy zdarzenie (zjawisko, przedmiot, fakt – wszystko to, co nazwalibyśmy celem), które chcemy skierować we właściwą dla nas stronę, już istnieje, zostało przejawione, stało się realnością. Ale ukierunkowanie dalszego rozwoju tego zdarzenia na razie jeszcze nie jest określone, nie znamy przyczyn powodujących jego rozwój, nie wiemy też, w którym kierunku zamierza się rozwijać. Jeżeli wiemy, że są przyczyny, które skierują rozwój zdarzenia w niekorzystną dla nas stronę, to w pierwszej kolejności powinniśmy pracować właśnie z nimi. Te przyczyny musimy obrać za cel.

Zatem zdarzenie zostało przejawione: samochód kopci pod oknem, truskawki zielenieją na grządce. Przyjmijmy, że sytuacja całkowicie nam sprzyja, tzn. zdarzenie jest przejawione i w zasadzie brak przyczyn mogących zmusić je do rozwijania się w niekorzystnym dla nas kierunku. Jednak cały dalszy kierunek rozwoju sytuacji nie został jeszcze przejawiony, podobnie jak w sferze naszej percepcji nie zostały przejawione przyczyny sterujące dalszym rozwojem sytuacji. W tym wypadku wystarczy mały bodziec zmuszający sytuację do korzystnego dla nas rozwoju.

Zatem – zaczynajmy.

• ***System nawyków DEIR*** Stopień 5.

Krok 11. Bezpośrednie oddziaływanie na zdarzenie

Po pierwsze, powinniśmy nawiązać z obiektem bezpośredni kontakt, najlepiej wizualny. Oznacza to, że dobrze byłoby mieć obiekt bezpośrednio przed oczami (samochód pod oknem, grządkę truskawek lub coś innego, nad czym pracujecie). Przy braku możliwości bezpośredniego patrzenia na obiekt, dzięki określonemu treningowi, można wywołać w sobie mentalny obraz obiektu, opierając się na swoim wspomnieniu.

Mając przed oczami realny lub wyobrażony przedmiot (zjawisko lub sytuację), przeprowadzamy redukcję świadomości do punktu *ja jestem*, po czym łączymy się w jedną całość z obiektem – jakbyśmy właśnie nim byli. Świadomość nie traci przy tym wrażenia kontaktu z punktem *ja jestem*. Dzięki temu odczucie obiektu staje się jakby zmieszane z naszymi emocjonalnymi znaczeniami tego obiektu.

Gdy w pełni wejdziemy w ten stan – wrażeniem zespolenia z obiektem zabarwionym naszymi emocjonalnymi znaczeniami (nie zwykła grządka truskawek, a ukochana, bliska, prawie uduchowiona grządka truskawek) – pojawi się dodatkowe odczucie obiektu, niezwiązane z naszym zestawem znaczeń. Będzie to odczucie obiektu w świecie – jego pozycji i kierunku rozwoju. Może powstać przy tym odczucie ruchu obiektu zachodzące w chwili kontaktu oraz odczucie ruchu potencjalnego. Nie mamy tu oczywiście na względzie ruchu fizycznego (trudno posądzać grządkę truskawek o ruch), jest to ruch w sensie rozwoju, przerwa w czasie. Zobaczycie obiekt jakby z boku, a mówiąc ściślej – z wysokości — i poczujecie, że żyje, że jest mobilny, zdolny do rozwoju; odczujecie jednocześnie jego przeszłość, teraźniejszość i przyszłość.

Tego odczucia nie pomylicie z żadnym innym. Możliwe, że przed Waszym wewnętrznym spojrzeniem staną konkretne obrazy związane z dalszym rozwojem obiektu (naocznie dojrzycie obrazek grządki czerwieniejącej od mnóstwa truskawek), mogą to być także jakieś mgliste domysły lub ledwo widoczne przypuszczenia – nie pomińcie tych przebłysków wiedzy o losie swojego obiektu, koniecznie je zarejestrujcie.

Zwróćcie przy tym uwagę, że zaczęliście postrzegać nie tylko sam obiekt, ale także okoliczności towarzyszące jego rozwojowi – okoliczności już istniejące lub możliwe; przy czym postrzegacie je jako część obiektu. Odczuwacie – jako część losu Waszej grządki – choćby taką możliwą okoliczność, jak ładna słoneczna pogoda, która sprzyja dojrzewaniu owoców, lub – odwrotnie – czujecie groźbę ulewnych deszczów. Rezultaty rozwoju obiektu pod wpływem tych okoliczności też są odczuwane jako części obiektu – ale już jako części podporządkowane.

Gdy pojawi się takie odczucie, będziecie mogli zacząć działać. Dopiero wtedy – ponieważ właśnie wtedy to wrażenie umożliwi coś, co można określić jako myślenie problemem – chodzi o kierowanie problemem, czyli zmianę jego kierunku w satysfakcjonującą nas stronę.

Całkowicie zespoliliśmy się ze zdarzeniem (zjawiskiem, sytuacją, włączając w to wszystkie realne i potencjalne okoliczności towarzyszące), stanowimy z nim jedność. Chcemy je teraz skierować we właściwą z naszego punktu widzenia stronę. Ponieważ zlaliśmy się ze zdarzeniem, odczuwamy je jako część siebie. Zdarzenie w tym momencie jest częścią nas! Co to oznacza? Możemy teraz zmienić rozwój tego zdarzenia, współpracując z pewnymi mechanizmami świadomości! Zmieniając swoją świadomość, zmieniamy rozwój zdarzeń, ponieważ nasza świadomość jest tożsama ze zdarzeniem – w danym momencie czasu i przestrzeni, jest tym samym.

Co powinniśmy zrobić ze świadomością, żeby przemiana w niej stała się jednocześnie przemianą w rozwoju interesującego nas zdarzenia? We własnej świadomości powinniśmy stworzyć próżnię. W tym celu wchodzimy w stan aktywnego oczekiwania, na razie jednak nie programujemy tego, czego oczekujemy, odczuwamy siebie tak, jakbyśmy stali nad pustką – w oczekiwaniu... na coś – na co, jeszcze nie wiemy. Następnie wypełniamy powstałą próżnię wyłącznie upragnionym wariantem rozwoju wydarzeń! W ten sposób od aktywnego oczekiwania przechodzimy do jakby popychania zdarzeń w pożądanym kierunku... Raz – i popchnęliście zdarzenie!

Teraz koniecznie trzeba jak najszybciej odłączyć się od zdarzenia, tj. rozdzielić punkt *ja jestem* i samo zdarzenie. W przeciwnym razie będziemy musieli czekać na realne zmiany w rozwoju zdarzeń, znajdując się w stanie ciągłej łączności z problemem. Nie jest to nazbyt wygodny stan.

Następnie musimy dokładnie rozważyć, co takiego zrobiliśmy, wykonując powyższy krok. Na pierwszy rzut oka może się wydawać, że to bardzo trudne. W rzeczywistości jest inaczej. Żeby wszystko było jak należy, powinniśmy tylko zrozumieć: w celu rozwiązania zadania nie wystarczy tylko wyobrazić je sobie, należy natomiast jakby myśleć tym zadaniem. W praktyce sami zobaczycie, co to takiego i, mam nadzieję, opanujecie raz na zawsze. Spróbujcie tak zjednoczyć się z zadaniem, żeby nim myśleć – myśleć wszystkimi jego elementami i ich poruszaniem się względem siebie. Tylko wtedy Wasza myśl nabierze siły bezpośredniego oddziaływania.

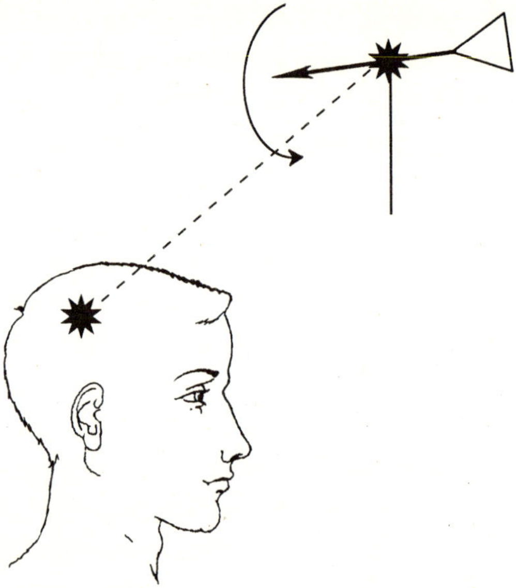

Rys. 12. Połączywszy myśl z przedmiotem, można nim myśleć...

Właściwie teraz realizujecie coś, co bardzo przypomina kierowanie zamiarem, które opanowaliście na trzecim stopniu DEIR. Tyle tylko, że teraz nie pracujemy ze świadomością człowieka, ale ze znaczeniem zewnętrznego przedmiotu – tylko tyle i aż tyle! W taki sam sposób, w jaki tworzymy zamiar w świadomości dla zmiany jej pracy w przyszłości, zmieniamy znaczenie przedmiotu po to, by zmienić jego przyszły ruch.

Mamy tu jednak do czynienia z jeszcze jedną ważną okolicznością. W chwili zaistnienia oddziaływania należy utrzymać specyficzny stan emocjonalny. Swoje wysiłki powinniśmy kierować ku rezultatowi oddziaływania – w żadnym wypadku nie pozwalając na zmianę emocji podczas oddziaływania.

Dlaczego? Przyczyna jest bardzo prosta. Jak doskonale wiecie, w procesie myślenia korzystamy ze swoich emocji w charakterze uzupełniających środków przy obróbce danych. Posiadamy pewną utrwaloną znaczność obiektu, przedmiotu, sytuacji, na które oddziałujemy. Mamy też utrwaloną znaczność zdarzeń, które wpływają na obiekt. W tym przypadku nasze oddziaływanie na obiekt oraz myślowa obróbka sytuacji przebiegają równo, gładko, bez przeszkód. Jeśli jednak emocjonalne znaczności w trakcie pracy przestają być utrwalane i zaczynają się wykrzywiać, wykoślawiać, plątać – wtedy nic się nam nie uda. Rozpatrzmy przykład.

Cenimy sobie grządkę truskawek – jest dla nas znacząca emocjonalnie. Cenimy sobie też dobrą pogodę, której oczekujemy – ta okoliczność też jest dla nas znacząca pod względem emocjonalnym. Skupiliśmy się na tych emocjonalnych znacznościach, w żadnym razie nie odchodzimy od nich – i pracujemy z sytuacją. Jednak jeśli w trakcie tej pracy zaczniemy obliczać, jak bardzo przybliżyliśmy się do celu, zaczniemy cieszyć się z tego powodu i do tego utrwalać tę radość w swojej świadomości – wszystko przepadnie. Wykrzywiliśmy proces, wykoślawiliśmy go, w czasie pracy wprowadzając do niego zewnętrzne dane, niezałożone na początku procesu – dlatego oddziaływanie nie zachodzi. Pamiętajcie o tym! Nie przypadkiem wiadomo, że upragniony cel osiągają ludzie, którzy w procesie dochodzenia do niego zachowują stan izolacji, zawieszenia, nie pozwalając, by wpływały na nich podrzędne, poboczne emocje, okoliczności czy oddziaływania. To właśnie jest stan oświecenia, pozwalający na dokonywanie cudów!

Jest to ponadto wiara chroniąca nasz stan, a zatem i emocjonalnie niezmienne znaczenia, niezależnie od zewnętrznych okoliczności. Chciałoby się poświęcić temu niezwykłemu stanowi więcej uwagi, jednak, niestety, jego możliwości praktycznie nie sposób przekazać na kartach książki. Słowami niemożliwe jest oddanie tego odczucia. Można przekazać je tylko podczas osobistego kontaktu – trzeba go pokazywać w ćwiczeniu. Jeśli więc coś się nie udaje, warto zwrócić się do tych, którzy ukończyli kursy – pomogą radą.

Omówiony sposób bardzo dobrze sprawdza się podczas bezpośredniego oddziaływania na obiekt, przedmiot czy sytuację – jednak ma też swoje wady. Zajmuje uwagę i czas, a oprócz tego nie tak łatwo przychodzi nam pozbyć się własnych emocji i szybko przerywać kontakt z zadaniem – od razu po zakończeniu oddziaływania.

Istnieje na szczęście inny sposób – pozbawiony wad poprzedniego. Umożliwia kierowanie rozwojem zdarzeń przy zmniejszonym nakładzie uwagi i kontroli emocji. To sposób powolnych myśli, który wkrótce opanujemy. Na razie – wnioski.

Bezpośrednie kierowanie zdarzeniami pozwala oddziaływać na zdarzenie i jego przyczyny. Wykorzystujemy do tego mechanizm kierowania myślą. Jednak wymaga to dużego skupienia i zawieszenia emocji w czasie podtrzymywania kontaktu z celem.

Powolne myśli

Na pierwszy rzut oka to, co będziemy rozpatrywać, może wydawać się trudne, jednak w rzeczywistości tak nie jest. To, o czym teraz będziemy mówić, czyli kierowanie zjawiskami otaczającego świata za pomocą myśli, każdy z nas robił wielokrotnie w ciągu całego życia, przy czym na długo przed opanowaniem systemu DEIR. Różnica polega na tym, że wcześniej robiliśmy to nieświadomie i nie zawsze poprawnie, a teraz staramy się poznać ten proces w sposób świadomy i sensowny. Opanujemy zatem wszystkie praktyczne szczegóły pracy energoinformacyjnej – i w tym może tkwić ewentualna trudność. Zapewniam natomiast, że sam proces kierowania zjawiskiem otaczającego świata za pomocą myśli znacie doskonale!

Ileż to razy przydarzało się Wam właśnie to, czego się baliście? To właśnie jest kierowanie zdarzeniami za pomocą myśli, tylko w danym przypadku nieumiejętnie podeszliście do tego procesu, rozwijając zdarzenie w niepożądaną stronę. Stało się tak dlatego, ponieważ w tym kierunku płynęły Wasze myśli. Ile razy spełniało się to, czego chcieliście? W tym przypadku instynktownie, z korzyścią dla siebie, pokierowaliście zdarzeniami otaczającego świata.

Przypomnieliśmy sobie te zdarzenia, a teraz pomyślmy: czy takie myśli, posiadające wpływ na otaczający świat, różnią się czymś od zwykłych myśli, które na nic nie mają wpływu? Po zastanowieniu się na pewno odpowiemy: tak, oczywiście; myśli posiadające siłę oddziaływania różnią się od zwykłych. Różnią się pod względem jakości. Zwykłe myśli na nic niewpływające są powierzchowne, jakby nieważkie, nie pozostawiają żadnych śladów ani w naszej świadomości, ani w otaczającym świecie. Takie myśli migną i szybko ulecą, nawet nas przy tym nie musną. Ale myśli posiadające moc oddziaływania są całkiem inne. Przypominają koryta podziemnych rzek – leżą głęboko, a płyną długo i powoli. Pierwszy typ myśli nazwiemy powierzchniowym – one na nic nie mają wpływu; drugi typ myśli – głębinowy, wywierający wpływ – nazwiemy powolnymi myślami.

Ktoś niewytrenowany skłania się raczej ku myślom powierzchniowym, ponieważ reprezentuje właśnie taki typ myślenia – powierzchniowy. Dodatkowo rozpatruje zjawiska oraz przedmioty będące w sferze jego uwagi nie jako same w sobie, nie pod względem ich obiektywnej znaczności czy wewnętrznych prawidłowości oraz wzajemnych powiązań, ale postrzega je tylko w ich związku z innym człowiekiem. Taki człowiek, nawet wtedy, gdyby wdać się z nim w pogawędkę, nie będzie postrzegać współrozmówcy jako oddzielnej osoby, jak człowieka takiego, jaki jest sam w sobie. Zobaczy w nim natomiast tylko potencjalne źródło szkody lub korzyści. Dlatego podczas każdego kontaktu ze światem zewnętrznym człowiek ten zawsze będzie miał zakłóconą zasadę odsunięcia, odcięcia się od zjawisk otaczającego świata (o tym mówiliśmy w poprzednim rozdziale), a jeśli ta zasada nie jest przestrzegana, wtedy wpływ myśli na świat sprowadza się do minimum.

Dlatego taki człowiek swoją myślą nie może niczego zmienić, nawet wtedy, gdy bardzo tego chce. Nawiasem mówiąc, takich ludzi nie trzeba się bać – posyłając komuś tysiące przekleństw, nigdy mu nie zaszkodzą, ucierpią tylko oni. Posyłając przekleństwa, nie potrafią jednocześnie odseparować się od ich adresata i spojrzeć na niego oświeconym, uwolnionym, zdystansowanym spojrzeniem. Tacy ludzie odczuwają tegoż adresata w związku z sobą, jednoczą się z nim pod względem emocjonalnym i przez to połączenie wszystkie przekleństwa do nich wracają.

Całkiem inaczej sprawa wygląda z człowiekiem wytrenowanym. Takie narzędzie, które nazwaliśmy powolnymi myślami, może stale wykorzystywać w codziennym życiu; przy czym nie wymaga to od niego jakiegoś szczególnego wysiłku czy dodatkowego skupienia.

Aby wyostrzyć swoje rzemiosło, swój kunszt kierowania zjawiskami świata, powinniśmy najpierw odkryć w sobie powolne myśli – nauczyć się odróżniania ich od pozostałych i wykorzystać według swoich potrzeb. Przystąpmy zatem do dzieła.

• ***System nawyków DEIR*** Stopień 5.

Krok 12. Odkrycie powolnych myśli

Aby wykonać to ćwiczenie, należy wcześniej przygotować niewielki spis (około dwudziestu pozycji) pojęć spotykanych przez nas w życiu codziennym – kot, pies, wypłata, dzieci, dom letniskowy, pogoda, samochód, telewizor itd.

Siadamy wygodnie, zamykamy oczy. Całą uwagę skupiamy na wewnętrznej przestrzeni wirtualnej swojej świadomości. Teraz zaczynamy przypominać sobie wszystkie pojęcia z naszego spisu, zapamiętując wszystkie odczucia towarzyszące każdej pozycji – każdemu wspomnieniu, w szczególności – szybkość i emocjonalne nasycenie.

Będziecie zdumieni, odkrywając, że Wasze odczucia powstające podczas wspominania przedmiotów dzielą się na dwie całkowicie różne klasy! Pierwsza klasa – to odczucia szybkie, jakby powierzchniowe, ponieważ nie towarzyszą im jakiekolwiek odczucia przebudowy wirtualnej przestrzeni.. Druga – bardziej powolne, jakby zmieniające coś w przestrzeni wirtualnej.

Omówmy wynik ćwiczenia i postarajmy się wyjawić przyczynę takiej radykalnej różnicy tempa naszych myśli.

Przed chwilą odkryliście w sobie myśli: szybkie i powolne. Zauważyliście różnicę odczuć między nimi. Powolnym myślom, w odróżnieniu od szybkich, towarzyszą wyraźne odczucia pewnej przebudowy wirtualnej przestrzeni.

Czym, wobec tego, różnią się od siebie przedmioty, z powodu których powstają myśli różnych kategorii?

Kontynuujmy pracę. Teraz, zamiast jednego spisu, zróbmy dwa oddzielne. W pierwszym umieśćmy przedmioty towarzyszące nam w poprzednim ćwiczeniu. W drugim – przedmioty, które towarzyszyły powolnym myślom.

Przyjrzyjcie się uważnie obu spisom i pomyślcie, czym się różnią. Zdziwicie się, pojmując, że w jednym spisie – spisie przedmiotów „szybkich myśli" – znajdują się przedmioty nieposiadające dla nas większej znaczności, a w drugim – przedmioty taką znaczność posiadające. Przedmiotom znaczącym zawsze towarzyszą powolne myśli! Dlaczego?

To łatwe. Wielokrotnie powtarzaliśmy, że nasza świadomość przetwarza informację w zależności od jej znaczności emocjonalnej. Gdy rozpatrujemy jakiś problem, dążymy do znalezienia zgodnych, zbieżnych znaczeń emocjonalnych jego elementów. Nasza świadomość posiada wewnętrzną logikę: zawsze wybiera pewien punkt rozliczenia, takie centrum wewnętrzne, odnośnie którego przeprowadzana jest ocena danego przedmiotu, obiektu, zjawiska, zdarzenia. Gdy stykamy się ze zdarzeniem o małej znaczności emocjonalnej, nie może ono być takim centrum. Świadomość, rozpatrując ten przedmiot, odwołuje się do swojego centrum, do swojego punktu odniesienia, względem którego zmienia emocjonalne znaczenie rozpatrywanego przedmiotu. Przypuśćmy, że sąsiadka proponuje kupno – za bezcen – niezwykle cennej szafy ze sklepu z antykami. Jednak tego typu przedmioty zupełnie Was nie interesują i, względem punktu odniesienia Waszej świadomości, wartość emocjonalna tej wprost zachwycającej szafy sprowadza się do zera. Gdy natomiast stykamy się z przedmiotami dla nas znaczącymi, wtedy świadomość, nie zmieniając emocjonalnego znaczenia samego przedmiotu, jest zmuszona do zmiany znaczenia przedmiotów z nim związanych, sprawiając, by także posiadały emocjonalną znaczność. Jeśli szafa jest dla Was znacząca, to znaczącym stanie się także stosunek sąsiadki do Was, stosunek przyjaciół sąsiadki do tej szafy, a rzeczy znajdujące się w szafie będą posiadać pozytywną lub negatywną znaczność, w zależności od tego, czy przydają szafie wartości, czy nie.

Oczywiście, poczuliście, że do sfery powolnych myśli odnośnie znaczącego dla Was przedmiotu wchodzi wszystko, co wiąże się z przedmiotem i co mu towarzyszy. To oznacza, że do sfery tych myśli, oprócz samego przedmiotu, trafia również ogromna część realności. Przy czym ta część realności zaczyna zmieniać swoje emocjonalne znaczenia. I oto, co otrzymujemy: powolna myśl – to myśl oddziałująca nie na sam znaczący dla nas przedmiot, ale na emocjonalne znaczenia przedmiotów, które go otaczają! Za pomocą powolnych myśli możemy wprowadzać zmiany na dużym obszarze realności. Jest to wprost idealny środek oddziaływania podarowany nam przez samą naturę.

W celu doskonałego opanowania tego środka przeprowadzimy kilka samodzielnych treningów. Uczmy się zatem dobrze kierować powolnymi myślami.

Weźcie jakąkolwiek książkę – ulubioną albo tę, która wpadnie Wam w ręce, i zacznijcie ją czytać. Podczas czytania skoncentrujcie się na swoich odczuciach w wirtualnej przestrzeni. Waszym zadaniem będzie prześledzenie wszystkich powstałych w tym czasie myśli: powolnych i szybkich. Po kilku próbach, przy pewnym wysiłku, wszystko się uda – będziecie mogli jednocześnie czytać i obserwować swoje myśli.

Gdy już nauczycie się odróżniać myśli szybkie od powolnych i zaczniecie zauważać, jakim frazom z książki towarzyszą szybkie myśli, a jakim – powolne, spróbujcie utrudnić sobie zadanie. Wybierzcie frazę, którą pojęliście, uświadomiliście sobie za pomocą powolnych myśli i zgłębcie ją, uświadomcie sobie, wykorzystując szybkie myśli.

Potem zróbcie wszystko odwrotnie: rozważajcie w powolnym stylu te frazy, które początkowo rozważaliście w szybkim stylu. To ćwiczenie należy powtarzać tak długo, dopóki wykorzystywanie – zgodnie ze swoją wolą – tego czy innego stylu nie stanie się automatyczne.

Gratuluję. Opanowaliście bardzo ważny nawyk! Do czego będzie on potrzebny? Do czego przyda się kierowanie, zgodnie ze swoją wolą, szybkimi i powolnymi myślami? Przede wszystkim do tego, żebyśmy mogli zlikwidować każde przypadkowe działanie na zdarzenia.

Kończąc czwarty stopień DEIR, z pewnością zauważaliście, że czasem wystarczyło pomyśleć o jakimś zdarzeniu, którego byśmy sobie nie życzyli, by zaraz się urzeczywistniło! To właśnie jest ten przypadek, o którym już mówiliśmy: „spotka cię to, czego się boisz". Tak się dzieje, ponieważ człowiek, w ważnej dla siebie sytuacji, nieświadomie wykorzystuje powolny styl myślenia i sam, przez swoje myślenie połączone z potężną energetyką, przypadkiem powołuje do życia niechciane zdarzenia! Bliska znajomość z powolnymi myślami umożliwia zauważenie tego, że niechcący zaczynamy oddziaływać na rzeczywistość za pomocą swoich myśli. Wtedy możemy uniknąć niechcianego wpływu – zmieniamy powolny styl na szybki, zawracając myśli na poprzednie miejsce.

Teraz sprawa najważniejsza. Po opanowaniu świadomego kierowania stylem myśli możemy wykorzystać myśli powolne w celu pożądanego oddziaływania na zdarzenia. Przecież podstawowy warunek satysfakcjonującego nas oddziaływania – to brak zmian w procesie oddziaływania emocjonalnego znaczenia centralnego przedmiotu. A powolne myśli właśnie spełniają ten warunek – w trakcie ich działania nie zmienia się emocjonalne znaczenie przedmiotu, zmianie ulegają tylko emocjonalne znaczenia związanych z nim przedmiotów i zjawisk.

Wypróbujcie swoje powolne myśli w działaniu. Weźcie pod uwagę dowolny przedmiot, zjawisko, które chcecie skierować w pożądaną stronę. Na początek można wykorzystać puste plastikowe opakowanie leżące gdzieś przy drodze. Wokół niego zachodzi mnóstwo zdarzeń, a jego ruchem kieruje wiele przyczyn: porywy wiatru, ruch powietrza spowodowany przejeżdżającymi samochodami i krokami przechodniów. Wasze zadanie polega na tym: pomyślcie o wspomnianym wyżej opakowaniu, wykorzystując powolne myśli, by w ten sposób przesunąć przedmiot w tę stronę, w którą chcecie. Poćwiczcie – to bardzo łatwe. Przecież powolne myśli oddziałują na ruch innych przedmiotów wokół opakowania, zmieniając ich znaczność. Wasze powolne myśli potrafią zmusić opakowanie do tego, by pod wpływem wiatru czy może buta przechodnia – skierowało się tam, gdzie chcecie. Nie dziwcie się, tak właśnie jest, nie ma w tym żadnej mistyki. Zjawisko to bardzo szybko stanie się dla Was proste i zrozumiałe, będzie codziennością.

Powolne myśli są najpotężniejszym narzędziem oddziaływania na nieprzejawione zdarzenia naszego świata. W tej kwestii nie mają sobie równych. Jeszcze raz gratuluję – opanowaliście przecież unikatowe narzędzie, które, siłą rzeczy, potrafi zdziałać cuda. Potrzebne zdarzenia będą dziać się wokół Was same z siebie, nie będziecie musieli tracić sił, walcząc z kaprysami losu, ponieważ wszystko dokoła popłynie w pożądanym kierunku. Tylko komuś z zewnątrz wyda się to cudem, dla Was będzie to zwykła realność energoinformacyjnego świata, w którym mieszkamy i uczymy się odczuwać siebie jak ryba w wodzie.

Jeszcze jedna rada co do wykorzystania powolnych myśli. Miejcie na uwadze fakt, że niezbyt mądre byłoby wykorzystanie ich dla zmiany kierunku rozwoju zdarzeń już mających miejsce, aktualnie się dziejących. W takim przypadku wygodniej wykorzystać poprzedni krok, w którym już istniejące oddziaływanie może być zwiększone dzięki dodatkowemu dopływowi energii. Powolna myśl – to powolne narzędzie o zbyt potężnej sile, nie powinno się zatem zużywać go na drobiazgi sytuacjach, w których można zastosować prostsze środki. Nie wykorzystujcie powolnej myśli w celu popchnięcia już rozwijającego się zdarzenia. Stosujcie je po to, by planować zdarzenia, których jeszcze nie ma, które nawet nie myślą zacząć się przejawiać. Dlatego nauczcie się myśleć bez pośpiechu, planując zdarzenia znacznie wcześniej (kilka kroków naprzód): na miesiąc, rok, dwa, trzy – na ile potrzeba. Pamiętajcie tylko, że stosując powolne myśli, musicie przestrzegać tych samych warunków i zasad, które już omawialiśmy: należy planować zdarzenia twórcze, rozwijające naszą sytuację, uwzględniać czynnik czasu, źródło energii do zmian i działać w jeszcze nieprzejawionym obszarze. Wtedy powolne myśli objawią całą swą potęgę, pozwalając zaistnieć zupełnie nieprawdopodobnym okolicznościom realizującym nasz cel.

Czasem jednak może powstać konieczność zmiany znaczenia już zachodzących zdarzeń, po to, żeby skierować je w pożądaną stronę. Oprócz tego może trzeba będzie zmienić znaczenia zdarzeń i zjawisk w kolektywnej świadomości ludzi. Abyśmy mogli tego dokonać, powinniśmy się jeszcze zapoznać (w charakterze uzupełnienia do już poznanego) z dwiema metodami poszerzającymi naszą sferę kierowania zewnętrznymi zdarzeniami i zjawiskami. Za chwilę je omówimy. A teraz – wniosek.

Powolne myśli – to te kierujące biegiem zdarzeń wokół celu. Ich automatyczne wykorzystanie pozwala na planowanie z dużym wyprzedzeniem czasowym zdarzeń nieprzejawionych. Powolna myśl stanowi unikatową metodę oddziaływania, ponieważ ogólny kierunek ruchu zdarzeń nie zależy od rezultatu sytuacji pośrednich.

Zmiana znaczenia dla siebie

Czasami powstaje taka sytuacja, kiedy po prostu koniecznie trzeba wpłynąć na zdarzenia już zaistniałe – po to, by zmienić ich bieg, gdyż ten kierunek, w którym właśnie przebiega zdarzenie, jest dla nas niekorzystny. Często tak bywa, że musimy poprawić przeszłość, to, co się już zdarzyło! Żeby ktoś zapomniał okrutne słowa wypowiedziane przez nas bez zastanowienia, żeby nie było żadnych konsekwencji sprzeczki, żeby nie nastąpiło zerwanie będące wynikiem kłótni. Żeby nie rozeszły się o Was złe słuchy, żeby nie ucierpiała Wasza reputacja. Żeby adresat nie otrzymał listu, w którym bezmyślnie odmówiliście świetnej propozycji. Tak, czasem trzeba tak postąpić, żeby określone zdarzenie, mimo swego zaistnienia, jakby nie miało miejsca. Czasem należy tak postąpić, by uniknąć dużych strat energii, którą trzeba by zużyć do naprawy konsekwencji niepożądanego zdarzenia. Jeśli list nie dotrze do adresata, wszystko naprawi się samo. Jednak gdy dotrze – będziecie musieli jeszcze raz zwracać się do niego, przepraszać i wyjaśniać, że pomyliliście się, że nie mieliście racji, obiecać odpokutować winę itp. Wszystko to jest męczące i wymaga sporych nakładów energii, a stanowi zbyt wielką zapłatę za przypadkowy błąd. Tego wszystkiego można uniknąć.

Jak tego dokonać? Wielokrotnie mówiliśmy przecież, że niemożliwe jest wpływanie na zdarzenia, które się już przejawiły. W danym przypadku nie musimy tego robić. Zdarzenia, które już miało miejsce, rzeczywiście nie możemy zmienić. Możemy natomiast zmienić jego następstwa. W tym celu powinniśmy tylko wpłynąć na znaczenie tego zdarzenia.

Przecież właśnie od znaczenia zdarzenia zależy jego wewnętrzna zgodność, wzajemne powiązanie z innymi zdarzeniami oraz jaki to spowoduje łańcuch kolejno po sobie następujących zdarzeń – i czy w ogóle go spowoduje. Właśnie od znaczenia zdarzenia zależy jego dalszy rozwój i, ostatecznie, cały los.

A przecież znaczenie wspaniale poddaje się naszemu wpływowi! Mamy ku temu wszystkie niezbędne narzędzia. Są to właśnie powolne myśli, z tą tylko różnicą, że w danym przypadku będą realizowane wewnątrz nas.

- ***System nawyków DEIR*** Stopień 5.

Krok 13. Oddziaływanie na wewnętrzne znaczenia zdarzeń

Siadamy wygodnie, zamykamy oczy. Skupiamy się na wewnętrznych odczuciach – na swojej wirtualnej przestrzeni. Teraz przypominamy sobie cel – jakieś niedawno zaistniałe zdarzenie, z którego znaczeniem chcielibyśmy pracować. Przypomnieliśmy sobie i określiliśmy, gdzie w naszej wirtualnej przestrzeni znajduje się ten obiekt.

Teraz przesuniemy punkt „ja jestem" bezpośrednio na miejsce tego obiektu w przestrzeni wirtualnej. Gdy to zrobimy, zaczynamy odczuwać okoliczności z otoczenia obiektu oraz okoliczności związane z samym obiektem przez zestaw jego znaczeń.

Zjednoczeni z obiektem, przy pomocy powolnych myśli zaczynamy zmieniać jego znaczenia. Podam przykład. Pracujecie z przypadkowo wypowiedzianymi przez Was ostrymi słowami, których następstwom chcielibyście zapobiec. W wirtualnej przestrzeni zmieniacie znaczenie tego, co zaszło: od nowa przypominacie sobie całą scenę i za pomocą powolnych myśli przegrywacie ją, tworząc inny wariant. Możecie wypowiedzieć złe słowa w pustym pokoju, gdy nikt Was nie usłyszy; możecie powiedzieć je zupełnie obcemu człowiekowi, od którego nic nie zależy; możecie je także powiedzieć tej samej osobie, którą obraziliście, ale teraz ta osoba macha ręką, uśmiecha się i nie przyjmuje poważnie tego, co słyszy. Niech wyobraźnia podpowie Wam najlepszy, najbardziej pomyślny wariant zdarzenia. Przepiszcie przeszłość – za pomocą powolnych myśli – wtedy naprawdę się zmieni!

Na zakończenie odrzucamy skupienie i otwieramy oczy.

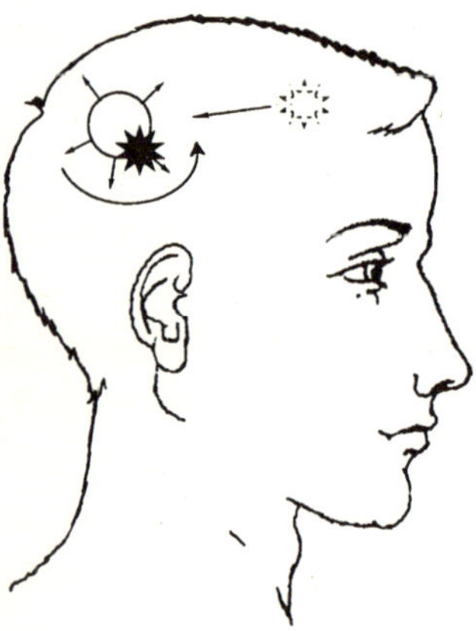

Rys. 13. Zmiana znaczeń w sobie – jedna zwykła procedura i zdarzenia potoczą się inaczej.

Wspaniale! Teraz możecie sprawdzić w praktyce, co zmieniło się w percepcji Waszych słów u osoby, do której je skierowaliście. Będziecie zdumieni odkryciem, że słowa zatarły się w pamięci tej osoby albo – że nie uchwyciła ich okrutnego sensu (wymazaliście go, choć wcześniej był), czy też – pojawiły się nowe okoliczności zmuszające tę osobę do innego ustosunkowania się do Waszych słów, ponieważ straciły one swoje poprzednie znaczenie.

Z czasem sami nauczycie się osiągać pożądane efekty, stosując dowolny sposób spośród wymienionych powyżej. Ale już teraz rezultat z pewnością Was zadziwił. Gratuluję! Czy czujecie się już twórcami? Jesteście niedaleko: poczuliście, że realność jest podatna niczym glina – możecie lepić z niej dowolne figury – według swojego uznania! Czyż to nie zachwycające uczucie?

A przecież w danym przypadku niepotrzebny był nawet wizualny kontakt z zaistniałym zdarzeniem. Wystarczyło tylko pamiętać o nim.

Podana metoda oddziaływania jest bardzo wygodna, ponieważ działa na bieżące lub przyszłe wydarzenia, ale poprawia to, co już się zdarzyło. Dzięki niej posiadacie wielką swobodę działań, gdyż nie czujecie się już niewolnikiem okoliczności. Macie prawo do błędu! Nie musicie się już bać popełnienia błędu, ponieważ zawsze łatwo możecie go naprawić. To jest właśnie wspaniałe. Nawiasem mówiąc, znam pewną damę nieprzebierającą szczególnie w słowach, która tę technikę stosuje już kilka lat i nigdy nie zdarzyły jej się przykre konsekwencje ciętego języka. A mogłyby być – i to nieliche!

W następnym rozdziale porozmawiamy o metodzie pozwalającej w sposób łatwy i prosty zmieniać znaczenia zdarzeń w zbiorowej świadomości – zewnętrzne znaczenia obiektów, przedmiotów i zjawisk. A oto wniosek z omówionej części:

Oddziaływanie na wewnętrzne znaczenie zdarzenia to wspaniały sposób naprawy następstw tego, co już zaistniało. To możliwość zmiany przeszłości bez dotykania jej istoty.

Uzupełnienie znaczeń dla innych ludzi

Czasem w celu osiągnięcia tego, czego pragniemy, musimy poruszać się nieprzetartym szlakiem. Trzeba wtedy szukać dróg tam, gdzie ich nie ma – gdzie ludzkość ich jeszcze nie wytyczyła. Oto sześćdziesięcioletnia kobieta (załóżmy, że to Ty) chce wyjść za mąż za dwudziestolatka. Zbiorowy umysł ludzkości nie zaproponuje Ci przetartego szlaku. Odwrotnie, będzie przeciwstawiał się temu na wszelkie sposoby, a więc będziesz musiała obejść te drogi utorowane w kolektywnej nieświadomości ludzkości lub iść w poprzek nich. Nie znaczy to, że celu nie można osiągnąć. W zasadzie podobne precedensy już istnieją, co powoduje, że można znaleźć drogi tam, gdzie ich nie ma. Inna sprawa, że zazwyczaj w tym celu trzeba wydatkować potężną dawkę energii podczas oddziaływania na realność. Wzięcie przeszkody w taki sposób byłoby nierozumne – stracisz zbyt wiele czasu i energii. Możemy wykorzystać inne metody – i jednocześnie popracować dla dobra ludzkości, sprawiając, że jej zbiorowy umysł stanie się bardziej giętki i tolerancyjny wobec nietypowego biegu zdarzeń.

Widzimy potrzebę oddziaływania na określony przedmiot bezpośrednio w zbiorowym umyśle, a właściwie w zbiorowej nieświadomości ludzkości. W naszym przykładzie musimy wdrożyć do tego umysłu przekonanie, że zawarcie małżeństwa przy tak dużej różnicy wieku jest sprawą jak najbardziej dopuszczalną, pozbawioną negatywnego zabarwienia, że takie małżeństwo może nawet być postrzegane pozytywnie.

W danym wypadku trudność polega na tym, że będziemy musieli oddziaływać na obiekt, z którym nie mamy bezpośredniego kontaktu. Właśnie dlatego wyżej opisane metody okażą się nieprzydatne. Metoda bezpośredniego oddziaływania na zdarzenia sprawdza się, gdy w otaczającym świecie w obszarze naszego kontaktu istnieje już określone zdarzenie będące swoistym punktem wyjścia do działania. Powolne myśli są dobre do planowania okoliczności w przyszłości. Zmianę znaczenia zdarzeń wewnątrz nas wykorzystuje się wtedy, gdy zdarzenie już miało miejsce...

W naszym przypadku do urzeczywistnienia zdarzenia wykorzystamy potencjał znaczeń w zbiorowym umyśle ludzi, w kolektywnej nieświadomości. Przejawimy potencjalne znaczenia, które jeszcze nie zostały ujawnione i w ten sposób przetrzemy sobie nowy szlak. Jest to możliwe, gdyż w zbiorowej nieświadomości leżą ogromne rezerwy energii, którą można zbudzić ze snu i bardzo szybko uruchomić.

Wszystko, czego będziemy potrzebować, ogranicza się do przedmiotu – kotwicy i nawyku przeniesienia znaczenia na przedmiot. Tylko tyle.

- ***System nawyków DEIR*** Stopień 5.

Krok 14. Kierowanie zewnętrznymi znaczeniami

Przygotowaliśmy kotwicę, czyli dowolne pojęcie pozytywnie przyjmowane (a nie odrzucane) przez kolektywną nieświadomość. Może to być przedmiot materialny – dobra książka, arcydzieło malarstwa, ale może to też być zjawisko abstrakcyjne – dopuszczalna przez kolektywny rozum forma stosunków międzyludzkich – rodzina, przyjaźń, itd.

Zamykamy oczy, całkowicie skupiamy się na swojej przestrzeni wirtualnej.

Przypominamy sobie zjawisko, z którego znaczeniami chcemy pracować. Jak zwykle na naszym wewnętrznym ekranie, nieco powyżej linii horyzontu, pojawia się obraz tego obiektu lub jego symboliczne oznaczenie. Jednocześnie odczuwamy, do jakiego obszaru wewnętrznej przestrzeni wirtualnej musieliśmy się zwrócić, żeby przypomnieć sobie ten przedmiot – gdzie go „znaleźliśmy", zanim wyłonił się zza horyzontu. Teraz, zwiększając nieco centralny strumień wschodzący, zaczynamy przesuwać sam obraz obicktu do obszaru wirtualnej przestrzeni, który go stworzył. Gdy obraz połączył się ze swoją matrycą w przestrzeni wirtualnej, od razu stał się bardziej jaskrawy. Wspaniale!

Teraz otwieramy oczy, nie tracąc z pola uwagi matrycy przedmiotu i podtrzymując centralny wschodzący strumień, zaczynamy przesuwać matrycę na przedmiot – kotwicę, który znajduje się (realnie lub w wyobraźni) w naszych rękach. I oto matryca i przedmiot połączyły się.

A teraz, nie rozdzielając matrycy przedmiotu od przedmiotu – kotwicy, zaczynamy fizycznie, ręką przemieszczać przedmiot niczym regulator, odczuwając jak wraz z jego przesunięciem usuwane są znaczenia matrycy. Poćwiczcie to. Potem odrzućcie skupienie.

Wspaniale! Połączyliście zjawisko dla siebie pożądane, ale nieprzejawione w zbiorowej nieświadomości z przedmiotem ujawnio-

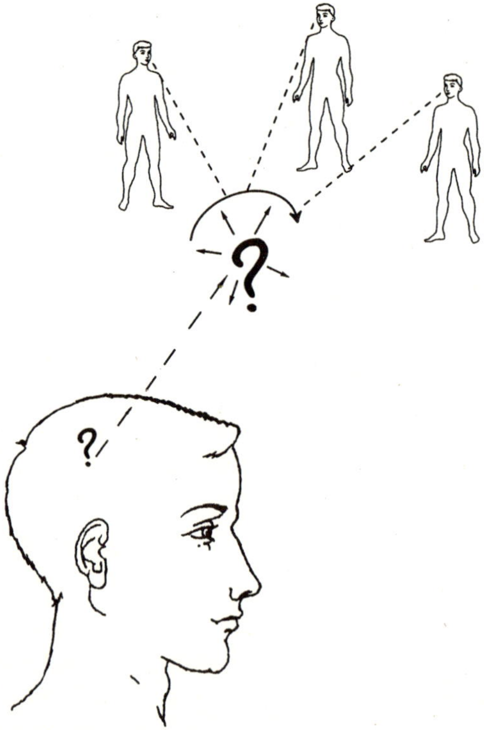

Rys. 14. Zmiana znaczeń na zewnątrz – przedmiot przekształca się w pokrętło nadbudowy zmieniające treść innych świadomości.

nym w pełni i możliwym do przyjęcia przez zbiorowy umysł. W ten sposób wyklarowaliście dla umysłu to, co oceniał negatywnie i odrzucał. Zobaczycie, że ludzie wokół zmienią swoje nastawienie do Waszego celu, spokojnie będą postrzegać to, z czym jeszcze niedawno nie potrafili się pogodzić.

Wykonując ćwiczenie, zauważycie, że podczas mentalnego przemieszczania przedmiotu – kotwicy w percepcji pożądanego przez Was zdarzenia następują wyraźne zmiany. Nie są one zbyt silne, ale właśnie – wyraźne.

Teraz spróbujmy wykonać ćwiczenie jeszcze raz, tak aby przedmiot – kotwica, którym manipulujecie, pojawił się także w polu percepcji innego człowieka. Niech książkę widzą inni ludzie, dopóki łączycie ją z pożądanym przez Was zjawiskiem; albo – niech obraz rodziny czy przyjaźni pojawi się w głowie osoby, w obecności której pracujecie.

Zdumiewające, prawda? W takim przypadku, podczas każdego przesunięcia przedmiotu, powstają potężne odczucia zmiany jego percepcji, uczucie transformacji przestrzeni wirtualnej, powstają potężne strumienie energetyczne... Co się dzieje?

Utrwalamy na przedmiocie znaczenie pożądanego zjawiska, które nabiera dodatkowego, wcześniej nieistniejącego znaczenia także dla zbiorowej nieświadomości – dzieje się to za pośrednictwem osób widzących przedmiot. Zupełnie nieistotne jest to, że żadna z tych osób nie podejrzewa nawet, jakie znaczenie połączyliście z przedmiotem – kotwicą.

Teraz zaczynamy przemieszczać przedmiot w przestrzeni wirtualnej – i w ten sposób, jeśli można tak powiedzieć, ręcznie tworzymy z nim proces „zbiorowego myślenia". Położenie przedmiotu ulega zmianie, jego znaczenia zamieniane są w zupełnie zwyczajny sposób, ale jednocześnie zmienia się także dodatkowy, nadany przez nas zestaw znaczeń!

Zatem przedmiot – kotwica nie jest niczym innym, tylko regulatorem znaczeń, który trafił w nasze ręce. To pokrętło bezpośredniego kierowania znaczeniami, które tak długo będzie posiadać swoje właściwości, jak długo utrzymamy skupienie. Gdy przerwiemy skupienie, pokrętło już takie nie będzie. Za pomocą tego narzędzia możemy kierować, tak jak chcemy, znaczeniami przedmiotu.

Poćwiczcie. Nie istnieje narzędzie silniejsze od tego, o którym mówimy. To przyrząd absolutnie unikatowy.

Zmiana zewnętrznych znaczeń dzięki przedmiotowi – kotwicy umożliwia ultymatywne oddziaływanie na znaczenie przedmiotu w zbiorowej nieświadomości, uwolnienie potężnego potencjału energetycznego i jednocześnie pozwala na łatwe, elastyczne kierowanie procesami oddziaływania.

Zatem co mamy w swoich aktywach? Posiadamy cztery potężne metody oddziaływania myślą na świat, przy czym każda z tych metod ma własną, unikatową sferę zastosowania. Jedna – umożliwia bezpośrednie oddziaływanie na bieżące zdarzenie; druga – pozwala planować; trzecia – poprawiać znaczenia zaistniałych zdarzeń; czwarta – nastawiać znaczenia w kolektywnej nieświadomości.

Przykłady zastosowania tych metod w realnym życiu można by przytaczać w nieskończoność. Ograniczymy się do kilku z nich.

Znam przypadek, kiedy to dwudziestoczteroletni mężczyzna ożenił się z kobietą pięćdziesięciopięcioletnią. Nie kierowały nim żadne materialne pobudki, żadne osobiste korzyści, o których można byłoby pomyśleć w związku ze znaczeniami założonymi w zbiorowej nieświadomości. To rzeczywiście było małżeństwo z miłości (odwzajemnionej), a przyjaciele i rodzina nie osądzali tego faktu, nie robili nieprzyjemności, odnosili się do tego pozytywnie.

Inny przypadek dotyczył tego, że zdarzenia konieczne były spowodowane metodami bezpośredniego działania na obiekt. Istniała firma, która coś tam produkowała. Na długo jakby zastygła w bezruchu, ugrzęzła, znalazła się w zawieszeniu: przestała się rozwijać, wpływy były minimalne, bankructwo zbliżało się wielkimi krokami. Będąc w takiej sytuacji, można albo stoczyć się po równi pochyłej, albo wypłynąć na powierzchnię. Wszystko zależy od przypadku albo czyjejś woli. Właścicielowi firmy obrzydło już takie balansowanie na linie i wreszcie zaczął stosować opisane metody. I dobrze się stało, że się w porę opamiętał! W firmie wkrótce miał być przeprowadzony audyt, co mogło skończyć się dla niej wielkim krachem. Z opresji wybawić ją mógł tylko cud. Dzięki systemowi nawyków „cud" się dokonał – właściciel zaprogramował korzystne zakończenie, niezależne od czegokolwiek. Kontrolę, która wydawała się nieunikniona, z jakichś przyczyn odwołano – przyczyna była zupełnie niezrozumiała i pewnie nie znali jej nawet ci, którzy zrezygnowali z przeprowadzenia audytu. Firma pomyślnie ominęła wszystkie życiowe rafy, wydostała się „z punktu zawieszenia" i obecnie wspaniale się rozwija.

Inny, prostszy przykład – naszej uczennicy zepsuł się telefon akurat wtedy, gdy oczekiwała na ważną rozmowę. Zastosowała metodę powolnych myśli – aby dzięki temu zadziałać na okoliczności towarzyszące uszkodzeniu aparatu. W rezultacie telefon zadziałał na minutę przed ważną rozmową. Później wyjaśniło się, że kabel telefoniczny został uszkodzony, a monter został natychmiast – nie wiadomo dlaczego – oderwany od innej pracy, żeby naprawić kabel. Dlatego telefon mógł zacząć działać.

Wspomnę o jeszcze jednym przypadku, który zdumiał nawet doświadczonych ludzi. Rzecz dotyczy pewnego mojego ucznia, solidnego mężczyzny po pięćdziesiątce, biznesmena mającego szczęśliwą rodzinę. Rozeszły się słuchy, że prawie codziennie zjawia się w restauracyjce o podejrzanej reputacji, za każdym razem przyprowadzając ze sobą jakąś dziewoję. To była prawdziwa sensacja – on, człowiek dobrze znany w swoim mieście, został opisany w gazetach. Wydawałoby się, że konsekwencje tego będą opłakane: plama na reputacji na całe życie i koniec rodzinnej sielanki. Jednak... słuchy, jak szybko powstały, tak szybko zniknęły. Do tej pory nie wiem, czy prawdą jest, że gazety obrzuciły go błotem. Zdumiewa mnie fakt, że dosłownie po kilku dniach nikt już o tym nie pamiętał! Niesamowite jest także to, że nikt nie pamięta akurat tego numeru gazety, w którym to wszystko opisano. Do żony nie dotarły żadne słuchy na temat zachowania męża – do tej pory o nic go nie podejrzewa!

Jestem przekonany, że opanowaliśmy wystarczającą ilość metod, by z wirtuozerią kierować zdarzeniami otaczającego nas świata. Te cztery metody pozwalają na uchwycenie wszystkich aspektów rozwoju i istnienia tego czy innego problemu. Potrafimy, jako prawdziwi twórcy, ingerować w wydarzenia i zjawiska każdej sfery swojego życia. W tym celu musimy tylko, w zależności od okoliczności, wybrać odpowiednią metodę. Te cztery metody są uniwersalne i niezastąpione w budowaniu życia i losu. Są przydatne w codziennych drobnych sprawach oraz w ważnych zdarzeniach losowych.

Tak, mamy w rękach pełny zestaw narzędzi oddziaływania na świat.

Posiadamy możliwość tworzenia nowej przestrzeni emocjonalnej powodującej, że nasz cel, wcześniej w świecie nieistniejący, staje się wartością kolektywną tworzącą przestrzeń emocjonalną dla innych ludzi oraz dającą im radość życia, będącą emocjonalną wartością. Jednocześnie posiadamy także narzędzie wpływania na zdarzenia wewnątrz tej przestrzeni emocjonalnej.

Nie zapomnijcie tylko o konieczności stworzenia wektora emocjonalnego! Nasz własny wektor w istocie jest niezwyczajnym, cudownym odcinkiem przestrzeni Wszechświata, na którym tylko my jesteśmy prawdziwymi twórcami realności! Wektor emocjonalny – to obszar chroniony, zakazany dla innych; stworzyliśmy go tylko dla siebie po to, aby wcielać w życie wszystkie nasze potrzeby. Powstał, abyśmy żyli w najbardziej komfortowych warunkach, w warunkach, jakie tylko można sobie wymarzyć. Wewnątrz emocjonalnego wektora nasze myśli posiadają wyjątkową, twórczą moc oddziaływania. I to Wy jesteście jedynym pełnoprawnym posiadaczem tej siły. Wykorzystujcie ją w praktyce, nie pozwólcie jej zgasnąć w bezruchu! Nieszczęście większości ludzi polega na tym, ze nic nie wiedzą o swoich potencjalnych, gigantycznych możliwościach – dlatego wegetują w ubóstwie codziennego, pozbawionego kolorów istnienia i przekazują tę wegetację swoim bliskim. Uruchomcie swoje możliwości, uświadomcie sobie siłę emocji i myśli – wykorzystajcie to, bądźcie wszechpotężni i wszechmogący – właśnie tak wymyśliła Was natura. Grzechem byłoby nie wykorzystać jej zamiarów!

Jednak bycie twórcą – tworzenie swojego odcinka realności – to jednocześnie zaszczyt i odpowiedzialność. To, że potrafiliśmy go stworzyć, jest zaszczytem, prawdziwym honorem. To, że na tym odcinku nasze myśli posiadają siłę tworzenia i zmiany otaczającej rzeczywistości, jest naszym niezaprzeczalnym prawem. Jednak istnieje też odpowiedzialność. Tylko my odpowiadamy (bo któż inny jeszcze miałby odpowiadać) za to, żeby zdarzenia stworzone na naszym odcinku realności rozwijały się swoją koleją, przebiegały w sposób naturalny i harmonijny, nie przynosząc nikomu (kimkolwiek by ten ktoś był) szkody, żeby nie niszczyły, ale tworzyły oraz żeby nam i ludziom wciągniętym w nasze zdarzenia dawały maksymalną radość i korzyść.

Aby umieć prawidłowo „zarządzać" tą odpowiedzialnością, musimy jeszcze z czymś się zapoznać. Przede wszystkim dotyczy to rozwiązania kwestii globalnych. Kim jest człowiek – twórca? Kiedy twórczość staje się aktem bezwzględnie koniecznym? W jaki sposób zapewnić nieprzerwane energetyczne i skoordynowane wsparcie stwarzanej przestrzeni? W jaki sposób umożliwić pomyślny rozwój temu, co stworzymy? Będąc twórcami, nie możemy tworzyć na ślepo. Powinniśmy w pełni zdawać sobie sprawę z tego, co robimy. Musimy umieć analizować wszystkie aspekty naszej twórczości, żeby dokładnie wiedzieć, gdzie, kiedy, jak i co właściwie robimy. Twórczość intuicyjna, płynąca z natchnienia jest dla nas przeszłością. Jesteśmy już ludźmi dojrzałymi, osiągnęliśmy nowy, ewolucyjny poziom rozwoju. Nie możemy pozwolić sobie na niewiedzę w kwestii tego, co tworzymy.

Dlatego powinniśmy bardzo dokładnie i szczegółowo zapoznać się z aspektami techniki życia twórcy. Porozmawiamy o tym w kolejnym rozdziale. A oto krótkie podsumowanie rozważań.

Myśli człowieka mogą oddziaływać na zdarzenia oraz ich znaczenia – dzięki temu przeszłość, teraźniejszość i przyszłość stoją przed nami otworem.

W granicach działania wektora emocjonalnego myśl można ukierunkować, przechować albo pomóc jej się rozwinąć.

Aby oddziaływanie na świat zakończyło się sukcesem, konieczne jest połączenie emocji i myśli.

ROZDZIAŁ 2.

TECHNIKA ŻYCIA TWÓRCY

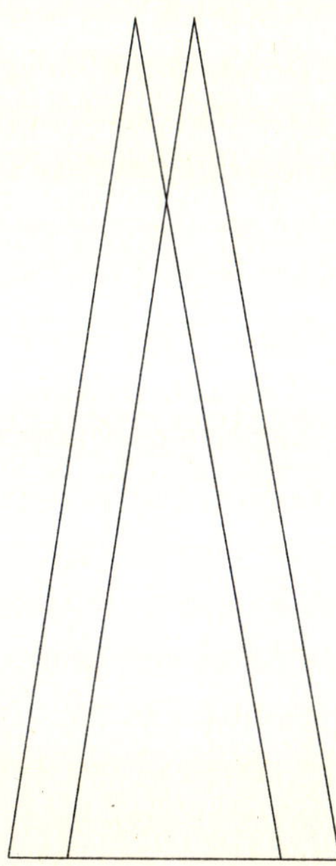

Przyszedł czas na omówienie kilku niezwykle ważnych, fundamentalnych kwestii. Niebawem zrozumiecie, jak bardzo życie twórcy różni się od innych sposobów istnienia. Pojmiecie jednocześnie, czym zasadniczo różni się niniejszy podręcznik od poprzednich, już znanych.

Co właściwie opanowaliśmy, korzystając z wcześniejszych książek? Nauczyliśmy się działać po nowemu oraz niestandardowo myśleć i działać w projektowanych okolicznościach w ramach istniejącej realności. Jednak nie próbowaliśmy jeszcze tworzenia nowej realności!

Wcześniej tylko transformowaliśmy lub przerabialiśmy tę realność, którą dysponowaliśmy. Studiowaliśmy tajemne prawa tej realności i wykorzystywaliśmy je dla własnego dobra. Nauczyliśmy się wyzwalać z pęt społeczeństwa, iść własną drogą, wyjawiać prawdziwe pragnienia i spełniać je, osiągać sukces, przyciągać do siebie powodzenie, wpływać na innych ludzi, osiągać niezbędne cele w naszej realności. Wszystko to przeprowadzaliśmy w sposób niestandardowy, w oparciu o podręczniki zawierające wszystkie metody przydatne w realizacji zadań. Musicie się jednak zgodzić, że zadania, z którymi zmierzyliście się, były zupełnie zwyczajne: być zdrowym, znaleźć dobrą pracę, osiągnąć powodzenie, założyć rodzinę itd.

Teraz przed nami stoją zupełnie inne cele. Zaproponowane tu metody znowu pomogą w ich rozwiązaniu. Jednak musimy sobie przedtem uświadomić, czym są te nowe zadania i do czego są potrzebne.

Samo życie nauczyło nas wszechstronnej umiejętności przystosowania się do istniejących warunków – transformowaliśmy i przerabialiśmy okoliczności przez nie proponowane. Robiliśmy to do tej pory, a ponieważ posługiwaliśmy się jedynie słusznymi metodami energoinformacyjnymi, osiągnęliśmy znacznie większe sukcesy niż inni ludzie.

Jednak wcześniej czy później w życiu twórczego człowieka powstaje potrzeba wyjścia poza ramy istniejącej realności po to, aby tworzyć nową realność – swoją.

Jesteśmy już gotowi do tworzenia nowego. Dlaczego? Ponieważ wyczerpaliśmy wszystkie możliwości w ramach istniejącej realności. Ramy te zrobiły się dla nas za ciasne. Jesteśmy zdrowi, pewni swego, odnieśliśmy sukces, otrzymaliśmy wszystko to, co niezbędne do życia. Czy możemy być zadowoleni? Oczywiście. Jednak powstaje pytanie: co dalej? – i ono nie daje nam spokoju. Spoczynek na laurach i zadowolenie się tym, co mamy, oznaczałoby stopniowe zakończenie rozwoju i regres, degradację. Jest to niewyobrażalne, zupełnie nie do przyjęcia dla człowieka kroczącego Drogą. Co zatem robić, kiedy ramy istniejącej realności są już za ciasne, gdy w tej realności nie ma nowych dróg, gdy rzeka możliwości zupełnie wyschła? Odpowiedź może być tylko jedna – iść dalej – ku stworzeniu nowej realności.

Trzeba iść naprzód, tym bardziej, że sama natura podarowała nam możliwość tworzenia. Jesteśmy w stanie to robić – i to w sposób perfekcyjny.

Przemyślmy zatem tę możliwość.

CZŁOWIEK TWORZĄCY

Kim jest człowiek tworzący? W którym momencie jesteśmy gotowi do tworzenia nowego? Co jest do tego niezbędne? Czemu powinniśmy poświęcić uwagę w pierwszej kolejności?

Człowiek tworzący – to ten sam co dawniej, z tą różnicą, że teraz znajduje się na początku nowego etapu rozwoju.

Kiedyś, bardzo dawno temu, nasi przodkowie nagle zaczęli odróżniać się od innych przedstawicieli świata zwierzęcego. Nie była to różnica zewnętrzna – polegała na tym, że zaczęli budować sobie domy, wyrabiać narzędzia z kamienia w celu przekształcania otaczającego środowiska. Czym wtedy różnili się od swoich przodków – zwierząt? W istocie tylko jednym – pragnieniem i możliwością przekształcania.

Tak samo sprawa ma się z człowiekiem współczesnym – osiągając określony stopień rozwoju, może zauważyć różnicę między sobą a wszystkimi swoimi powinowatymi. Nie różni się od nich zewnętrznie: wzrostem, kolorem włosów, oczu, sposobem zachowania. Wyróżnia go poczucie ciasnoty w ramach realności, w której przyszło mu żyć, oraz chęć tworzenia czegoś nowego, czego wcześniej nie było.

Ktoś mógłby zapytać: jak możemy zacząć tworzyć coś nowego, jeśli wokół panuje życie w wiadomym kształcie? Jednak w rzeczywistości każdy z nas w głębi duszy czuje, że życie, do którego przyzwyczailiśmy się, wypełnione rutyną, stanowi tylko malutki odcinek realności, jest tylko jej drobinką. Przypomina kokon, w którym ludzkość sama się umieściła. Wokół kokonu rozciągają się bezgraniczne obszary nieopanowanego jeszcze terytorium.

Tak, to prawda, że ludzkość sama siebie zapędziła w wąskie ramy myślenia, żyje w wąwozie praw, norm, reguł utrwalających w naszej świadomości obraz zawężonej realności i zmuszających do postrzegania pewnego wycinka jako całej, pełnej realności. Każdy zdrowo myślący człowiek powie, że dwa razy dwa to cztery, że nie istnieje życie na Marsie, że czarne jest czarne, a białe jest białe, że nie ma życia po śmierci i w ogóle naprawdę istnieje tylko to, co można zobaczyć. Taki trzeźwo myślący człowiek jest po prostu ofiarą egregorialnej i własnej ograniczoności oraz braku umiejętności zobaczenia czegoś więcej poza czubkiem własnego nosa.

Jednak człowiek – to wyższa forma życia na planecie. Nie jest to przecież żaba uważająca swoje błotko za cały Wszechświat. Nikt, oprócz człowieka, nie jest w stanie wyjść poza ograniczające go ramy rutynowej realności, nie potrafi rozszerzyć środowiska swego zamieszkania. Człowiek może wydostać się z błota rutyny i zobaczyć, że Wszechświat nie ogranicza się tylko do niego! Jeśli tego nie uczynimy w odpowiednim czasie, sami zapędzimy się w pułapki, z których nie ma wyjścia i utoniemy w swoim błocie, nie będąc w stanie dostrzec tego, jak blisko było wybawienie.

Kiedy otaczająca realność przeradza się w sidła, staje się wciągającym nas błotem, w którym giną każde twórcze porywy? Wtedy, gdy poprzednie życie całkowicie się dla nas wyczerpie i nie będzie już dawać możliwości rozwoju, nie pozwala przebić się ku nowym osiągnięciom, gdy do dalszego rozwoju wymagane są całkowicie nowe drogi, nowe zainteresowania i cele. Wtedy tworzenie nowego jest niezbędne. Jeśli w tym momencie nie zaczniecie tworzyć nowego, będziecie tonąć. Jeśli natomiast zrozumiecie, że to moment krytyczny – punkt, z którego powinna wystartować nowa realność, jesteście gotowi do tego, by stać się twórcą.

Każdy człowiek, wcześniej czy później – może mieć wtedy lat trzydzieści, a może pięćdziesiąt – nagle pojmuje, że życie już jakby się dokonało. Rozumie, że wszystkie zasoby i możliwości na drodze, którą podążał i do której przywykł, już się wyczerpały. Wie, że zrealizował wszystkie obrane przez siebie cele, a dalsze podążanie w dotychczasowym kierunku nic mu już nie przyniesie. W najlepszym wypadku będzie utrzymywał się na poprzednim poziomie, w sposób logiczny rozwijając to, co osiągnął; nie będzie już parcia ku nowemu i jakościowych skoków w nieznane. Wszystko, co może przynieść przyszłość, ograniczy się do wykonywania tej samej pracy, życia w tej samej rodzinie – życia stabilnego, ale bez obietnicy ekscytującej nowości, otrzymywania dochodu porównywanego z obecnym oraz do bycia tym, kim jesteście na danym etapie (i kim pozostaniecie już przez całe życie) – przykładnym mężem, ojcem rodziny. Tak, na zewnątrz wszystko będzie wyglądać wspaniale i ludzie gorzej sytuowani będą Wam zazdrościć. Wam jednak, nie wiedzieć czemu, oczy przygasną, wszystko wokół wyda się szare i jednostajne, a ukochana kiedyś praca stanie się rutyną – nudnym sposobem gromadzenia środków do życia. Wtedy nawet najbardziej śmiałe plany na przyszłość nie przyniosą radości. Powiecie: „Kupię sobie jeszcze jeden samochód. Pojadę do tego znanego śródziemnomorskiego kurortu. Sam wybuduję dom i..." – i co z tego? Co dalej – długa starość, a z nią choroby i smutki? Czy to ma być wszystko? W tym świecie każde zmiany w życiu, każda pogoń za przygodą, poszukiwanie wrażeń – czy w postaci hazardu, czy miłosnych przygód, czy też narkotyków, każde nowe wrażenia z podróży po świecie okażą się tylko dreptaniem w miejscu, nużącym i zgubnym biegiem w zaklętym kręgu – ustanowionym raz na zawsze. Takiemu życiu zawsze już towarzyszyć będzie gorzkie poczucie, że „nie dotrę nigdy do tych zadziwiających gwiazd".

Gdy dopadną nas takie myśli, będzie to oznaczać tylko jedno: przyszedł wreszcie czas, by opuścić klatkę i wyrwać się ku tym „zadziwiającym gwiazdom", które w rzeczywistości nie są tak bardzo dalekie.

Jest to nie tylko ważne – to po prostu życiowa konieczność. Sami wiecie dlaczego. Każdy z nas obserwował to wielokrotnie – na przykładzie własnego losu lub losu innych ludzi: człowiek w pełni sił i możliwości, nagle (nikt nie rozumie jak i z jakich powodów mogło do tego dojść) zatrzymuje się w rozwoju i jest to początek degradacji. W jego życiu nie dzieje się nic szczególnego, obiektywne okoliczności nie ulegają zmianie. Nikt nie przekazywał mu żadnego sygnału typu: stop, zatrzymaj się. Jednak jego spojrzenie bez wyrazu mówi samo za siebie – domyślamy się, że do niczego już nie dąży, żyje bez celu życiem nudnym, beznadziejnym, pozbawionym perspektyw.

Ten człowiek już zrozumiał, że w życiu nie czeka go nic nowego. Przed nim jest tylko to, co zna doskonale, co świetnie opanował. Rutyna życia. Wcześniejsze zasługi przestały go cieszyć. Nowych osiągnięć nie przewiduje. Jakby zakończył się określony program założony w każdym z nas przy narodzinach. Jednak życie toczy się dalej. Tak, resztę życia można wypełnić przyjemnymi rozrywkami, zabawą, lecz niczym ponadto. Ale przecież i w zabawie następuje przesyt. Wszystko to, co ważne, znaczące, nowe i interesujące jest już poza nim. Pozostało tylko przeżywanie – szare, bezbarwne, pozbawione blasku i sensu. Dzieje się tak nie dlatego, że człowiek jest ograniczony. Takim stworzyła go natura w połączeniu z kulturą. Świadczy o tym mnóstwo przykładów. Utalentowany, wielce obiecujący fizyk po dokonaniu ważnego naukowego odkrycia rozumie, że nic ważniejszego nauce już nie podaruje i – zaczyna pić. Genialny pisarz, z powodu jałowości myśli, braku natchnienia oddaje się hulankom i rozpuście – wie, że najlepszą książkę już napisał i właściwie nie ma po co żyć. Sensu życia i jakichkolwiek perspektyw nie widzi przed sobą ładna, inteligentna, interesująca kobieta, ponieważ w wieku pięćdziesięciu lat nie wierzy w możliwość spotkania miłości życia, zaś szansę posiadania dzieci dawno już zaprzepaściła. Innego sensu istnienia nie dostrzega.

Można by przytoczyć równie dużo przykładów na to, gdy człowiek kroczący drogą poznania świata i tworzenia swojej realności żyje długo i szczęśliwie, pozostając jednocześnie młodym, niezależnie od zewnętrznych okoliczności. Ktoś taki może być zupełnie nieznany, nie musi dokonywać ważnych odkryć, pisać książek, posiadać rodziny i dzieci (gdyby tylko zechciał, miałby to wszystko) – jest szczęśliwy, młody, ma rozpromienioną, pełną blasku twarz – jest przecież bogiem, twórcą, twórcą swojego świata, obywatelem Wszechświata, wyrwał się z ciasnego kokonu nudnego, codziennego życia. Poznanie świata trwa nieskończenie! Takie też staje się nasze życie, nasza młodość, twórczość i szczęście istnienia – jeśli kroczymy drogą poznania, a nie wegetujemy w ciasnej klatce wąskiej ludzkiej percepcji życia.

Rozejrzyjcie się wokół – popatrzcie, jakież pospolite i nudne życie wiedzie większość ludzi. Świat zapełniają nudni i zasuszeni „młodzi" staruszkowie (tylko ich wygląd świadczy o młodości). Tak, starość duchowa dopada ludzi szybciej niż starość fizyczna. Człowiek jeszcze żyje, ale program jego życia już się wyczerpał – a to oznacza wewnętrzną martwotę. Dlatego ludzie żyją tak krótko. Po duchowej starości bardzo szybko przychodzą starość i śmierć fizyczna. Do przedłużenia życia i młodości potrzebny jest sens.

W jednym z obozów koncentracyjnych przeprowadzono pewien eksperyment. Jedną grupę więźniów zmuszano do codziennego wykonywania bezmyślnej pracy: jednego dnia kazano im kopać rowy po to, by drugiego je zasypywać. Więźniowie ci, w porównaniu z pozostałymi, dostawali nieco większe racje żywnościowe, jednak śmiertelność wśród nich była kolosalna – znacznie większa niż wśród innych osadzonych. Tych ludzi pozbawiono sensu życia – brakowało im emocjonalnego zainteresowania życiem.

Czy nie tak właśnie wygląda świat wokół nas? Przecież z oczu większości ludzi można wyczytać, że życie składające się z pracy, płacy i wędkowania zaczyna przypominać niekończący się serial z wiadomym finałem. Wielu ludzi ucieka w krytykanctwo, chowa się za pustymi ambicjami, ukrywa egzystencjalną pustkę, lansując tezę o swej wyjątkowości. A przecież wystarczy tylko wyrwać się z kokonu, by okazało się, że człowiek nie wyczerpał swego potencjału, że jeszcze nie zaczął tak naprawdę się realizować, że jeszcze tyle może go spotkać w życiu, że tak dużo może jeszcze zrobić dla siebie, rodziny, przyjaciół, wreszcie – dla całej ludzkości...

Ten zastój, stagnacja, poczucie bezsensu życia dopadające każdego ma swoją nazwę: jedni nazywają to kryzysem w postrzeganiu świata, inni mówią o kryzysie wieku średniego, o przełomowym momencie...

Nie słuchajcie ludzi, którzy objaśniają takie zachowanie zwyczajnymi przyczynami, możliwymi do przyjęcia przez społeczeństwo oraz dają banalne rady typu: „Trzeba się rozwieść" (lub odwrotnie: „Czas się ożenić"), „Trzeba urodzić jeszcze jedno dziecko", „Zmień pracę"... To tylko działania kosmetyczne, które zupełnie nie pomogą, ponieważ przyczyna takiego stanu rzeczy nie wynika z faktu braku czegoś w życiu. Przyczyna tkwi w tym, że właśnie nastał czas tworzenia nowego – przecież aż nazbyt dobrze zdajecie sobie sprawę z tego, co może lub nie może zdarzyć się w Waszym życiu, gdyby to nowe nie nastąpiło. Nowa rodzina, nowa praca czy przyjście na świat dziecka – wszystko to na pewien czas dostarczy rozrywki, jednak po chwili znów odkryjecie, że znajdujecie się w ślepym zaułku, że nic się nie zmieniło. Tego typu stan nie wiąże się z wiekiem, dlatego wielkim błędem jest nazywanie go kryzysem wieku średniego. Zewnętrzne okoliczności też nie wpływają na te odczucia. Literatura piękna często opisuje takie właśnie kryzysy o charakterze egzystencjalnym. Pewnie pamiętacie, jak Lewin z „Anny Kareniny" Lwa Tołstoja w przeddzień ślubu z ukochaną, z kobietą swych marzeń, chowa przed samym sobą sznur – żeby, mimo woli, nie móc się powiesić. Oto właśnie jest to odczucie, że wszystko najważniejsze już było, że dalej może być już tylko rutyna, że to już nie będzie to... I żadne zmiany w życiu przed tym nie uchronią.

Taki stan może pojawić się w każdej chwili, bez żadnej widocznej przyczyny. Poczujecie, że jeśli nie wniesiecie do swego życia jakiejś nowej realności i nowych zainteresowań, jeśli natychmiast nie zajmiecie się twórczością – tworzeniem nowej życiowej przestrzeni, to Wasze życie będzie przypominać jednostajne, monotonne zmiany kadrów w znanym do znudzenia filmie.

Gdy pojawi się takie właśnie poczucie, nie odkładajcie na później działania. Posiadacie narzędzia – możecie stworzyć emocjonalny potencjał na zewnątrz i kierować rozwojem stosunków, relacji oraz idei w tej przestrzeni zewnętrznej. Możecie stworzyć sobie nowe życie. Możecie, niezależnie od wieku i pozycji społecznej, zacząć nową, najważniejszą sprawę swojego życia. Sprawy tej nie narzuciłoby społeczeństwo, zrodziłaby się z pragnień Waszej duszy.

Nie powinienem i nie będę mówić, jaka to ma być sprawa. W tym wszystkim tkwi pewna tajemnica, pewna mistyka, dostępna tylko dla tego, w czyim życiu się pojawi. Niemożliwością byłoby nie poczuć tego wezwania. Każdy znajdzie coś dla siebie – mogą to być badania, wspólna praca, twórczość. Każdy znajdzie dla siebie coś, co jest dla niego niezbędne, co może wprowadzić do świata tylko on.

Przecież człowiek nowego etapu ewolucji – to człowiek twórczy. Pamiętajcie tylko, by pod żadnym pozorem się nie spieszyć, na siłę nie niszczyć starego i nie tworzyć nowego życia: nie walcie prosto z mostu, porzucając pracę, niszcząc rodziny i po raz dziesiąty wychodząc za mąż. Prawdziwa twórczość nie wymaga niczego oprócz ruchu duszy w nowym dla niej kierunku. Pierwsze prawo tworzenia: jak powiedziałem, tak się stanie.

Droga, myśli i wektor emocjonalny

Czym jest droga? Droga jest tym, co sprzyja wędrowaniu człowieka dalej niż wymaga tego jego instynkt. Jest tym, co umożliwia mu spojrzenie poza horyzont określony przez kulturę masową. Tym, co zmusza do zastanawiania się nad pytaniem o sens życia, o ukryte, utajone prawa świata i znajduje na to pytanie odpowiedź. Droga – to nie chwilowe, przelotne zadanie często rozwiązywane za pomocą poznanych metod. Przypomnijcie sobie trzeci stopień DEIR, na którym ćwiczyliśmy się w kierowaniu za pomocą *myślokształtów* zamiarów i pragnień. Wydawać by się mogło, że teraz też robimy coś podobnego, pracując z użyciem emocji i myśli. Jednak w rzeczywistości różnica jest kolosalna! Wtedy stosowaliśmy te metody w celu rozwiązania lokalnych, ograniczonych zadań leżących w codziennej realności, np. chcieliśmy zmusić sprzedawcę, by nie oszukiwał i sprzedał towar dobrej jakości, chcieliśmy zapobiec nieudanemu małżeństwu dorosłego syna, chcieliśmy wydostać dziecko ze złego towarzystwa itd.

Teraz chodzi o coś zupełnie innego. Wychodzimy na drogę – to znaczy odnajdujemy to, co nadaje życiu całkowicie inny sens. Droga jest właśnie tym, co zabarwia życie sensem. Wykorzystujemy myśl i emocje nie po to, by rozwiązywać codzienne, bytowe problemy, ale żeby opanować nową realność wypełnioną nowym sensem.

Od czego powinniśmy zacząć drogę? Od stworzenia wektora emocjonalnego. Przecież jest on gwarancją skuteczności działania naszych myśli.

Zanim stworzycie wektor, najpierw dokładnie rozważcie to, co chcecie osiągnąć. Nie trzeba się spieszyć, nie należy wyciągać pochopnych wniosków. Z pewnością to zadanie już długo czeka na to, by je rozwiązać, dlatego może jeszcze trochę poczekać – dopóki całkowicie w nas nie dojrzeje. Jeśli macie jeszcze jakieś iluzje dotyczące osiągnięcia szczęścia drogą zmian w swojej realności, np. dzięki zagranicznemu wyjazdowi, stworzeniu nowej rodziny czy zajęciu się biznesem – cóż robić, poszarpcie się jeszcze, pouwijajcie, spróbujcie pierwszego, drugiego, trzeciego, dopóki nie pojmiecie, że wszystko to nie ma sensu. Jeśli wreszcie zrozumiecie – na swoim przykładzie – że wszystkie te zewnętrzne zmiany są pozbawione sensu, przekonacie się, że dopiero wtedy osiągnięcie realne zmiany, gdy stworzycie nową realność – najpierw wewnątrz siebie, by potem, dzięki zmianom wewnętrznym, stworzyć pole nowej realności także wokół siebie. W tym polu możecie budować sobie nowe, prawdziwe, własne życie, takie, którego nie dyktuje Wam społeczeństwo.

Podam prosty przykład. Ktoś czyniący wielkie postępy w samorozwoju i poznaniu świata pragnie spotkać bliskiego człowieka, żeby uwolnić się od brzemienia samotności. Nie wie jednak o tym, że zewnętrzne sposoby i środki osiągnięcia tego celu, tj. drogi przyjęte w społeczeństwie, czyli takie, które nie wynikają z wewnętrznej realności duszy – są nieprzydatne. Najpierw człowiek idzie utartym szlakiem – swaty, ogłoszenia w gazetach, wieczorki zapoznawcze „dla tych, którzy są po trzydziestce". (Niech nie ważą się tego robić ci, którzy opanowali trzeci stopień DEIR! Przykład dotyczy tych, którzy nie opanowali technik i podaję go ot tak, po to, by było ciekawie). Co w rezultacie? Cóż, wkrótce człowiek dojdzie do wniosku: nie warto niczego robić, to do niczego się nie nadaje, do niczego nie prowadzi. To naturalne: bliskiego człowieka rzeczywiście trudno spotkać na takich drogach. Tu trafiają zazwyczaj wątpliwe osobowości, co wcale nie oznacza, że ciekawi ludzie w przyrodzie nie istnieją.

Jednak człowiek nie stoi w miejscu, coś w jego życiu ulega zmianie, przy czym zmiana ta nie wyrasta z życiowego pragnienia, „żeby cokolwiek zmienić", ale stanowi naturalny rezultat zmian wewnętrznych. Zmiana stworzyła inną realność wewnątrz – pokonawszy niewolę społecznych stereotypów, stworzyła wokół siebie pole szczególnej realności, zupełnie niepodobnej do realności społeczeństwa. W tym polu życie biegnie według innych praw. Do tego pola są przyciągani najróżniejsi, czasami bardzo interesujący ludzie – i problem zostaje rozwiązany.

Zatem – wyznaczcie swój cel, nieosiągalny za pomocą środków istniejących w społeczeństwie – te środki są odpowiednie dla wszystkich, tylko nie dla Was.

Najpierw musicie przekonać się o możliwości pozytywnego bieguna w samorozwoju, o jego prawdziwości i możliwości socjalizacji tego celu. Należy zatem zrobić tak, żeby Wasz cel, najpewniej niezrozumiały dla ogółu, a nawet jeszcze jemu nieznany, mógł być adaptowany do postrzegania przez społeczeństwo, żeby był do przyjęcia i stał się niezbędny nie tylko dla Was. Jeśli czujecie, że cel jest interesujący tylko dla Was, to przekształćcie go, zmieńcie tak, żeby dla innych ludzi też był interesujący, przy czym radość może im sprawić sam proces realizacji albo tylko finał tego procesu. Podam przykład związany z powstawaniem Kremla. Przy jego budowie większość prostych ludzi nie rozumiała, co to jest i czemu ma służyć. Gdy jednak okazało się, że dzięki budowie ludzie dostaną dobrze opłacaną pracę, stosunek do tego przedsięwzięcia zmienił się i naród zaczął je popierać.

Każdy może zbudować własny Kreml nawet wtedy, gdy ludzie wokół nie rozumieją, co to jest i po co. Ludzie są tam, gdzie jest pod jakimś względem interesująco.

Załóżmy, że znaleźliście coś niezwykle ważnego. Gotowi jesteście podzielić się tym z innymi i dlatego tworzycie organizację. Aby organizacja mogła realnie istnieć, musi mieć oparcie w społeczeństwie – potrzebne są punkty z nim styczne. Szukamy ich tam, gdzie najłatwiej je znaleźć. Przede wszystkim szukamy wsparcia bliskich, nawet wtedy, gdy nie rozumieją istoty problemu. Co wtedy robimy? Mówimy: „Mamo, nie rozumiesz, przecież to przynosi dochód!

Wreszcie kupimy domek letniskowy". Mama się uspokoiła, ponieważ otrzymała możliwe, łatwe do przyjęcia, jasne i zrozumiałe wyjaśnienie Waszej działalności. Teraz będzie wspierać, a wspierając, niekoniecznie musi wiedzieć, że w danej sytuacji pieniądze nie są dla Was najważniejsze. Następnie musicie sprawić, by Wasza działalność zyskała odzew u innych ludzi, by stała się w ich oczach możliwa do przyjęcia. Metody będą analogiczne. Zdobędziecie zwolenników. Wasze cele stopniowo upowszechnią się wśród ogółu – i zobaczycie – za dwa, trzy lata osiągnięcie cel.

Gdy stworzycie samą ideę, ukształtujecie ją w myślach i konkretnych punktach orientacyjnych, wtedy powstaje negatywny biegun emocjonalny. Nie ma pośpiechu – gdy biegun już powstanie, warto poczekać, czasami kilka dni lub tygodni, żeby stał się częścią odczucia świata – nie tylko Waszego, ale także otoczenia. Sami zauważycie zmianę nastroju otaczających Was ludzi – wszyscy częściej zaczną mówić o konieczności zmian, o tym, że stan obecny (z tym Waszym negatywnym biegunem) ich nie zadowala... Wspaniale!

Teraz tworzycie pozytywny biegun emocjonalny. Gdy już powstanie, znów lepiej poczekać pewien czas, aż ktoś jeszcze (oprócz Was) go zauważy i zapali się do Waszej idei. Wspaniale!

Teraz, uwzględniając ludzi i okoliczności, możecie energetycznie połączyć pozytywny i negatywny biegun wektora. Im więcej energii dostarczycie, tym lepiej. Warto jednak pamiętać, że ta energia nie spowoduje natychmiastowego ruchu w potrzebnym kierunku, ponieważ dla realizacji czegoś zupełnie nowego potrzeba czasu – czasu na znalezienie nowych pojęć, przemyślenie nowych linii zachowania, rozpoczęcie nowych spraw.

Ten czas należy wykorzystać na ukierunkowanie, popychanie zdarzeń, by toczyły się w pożądanym kierunku. W tym celu potrzebne będą techniki oddziaływania na zdarzenia, a nasze zadanie polega na tym, żeby jak najwięcej zdarzeń włączyć do realizacji zadania.

Jednak jak się zachować – przecież mimo poszerzenia możliwości i znajomości technik, wciąż posiadamy tylko jedną strefę uwagi – a niewygodnie jest nieprzerwanie skupiać uwagę na zdarzeniach tego samego rodzaju.

Dlatego powinniśmy ukierunkować naszą energetyczną konfigurację – stworzyć centrum energetyczne zapewniające równowagę w rosnącej strefie myśli i działań oraz umożliwiające kiełkowi nowego stać się takim, jakim być powinien, by nie zmienił się w bezmyślny chwast. Jesteście już gotowi do przyjęcia energetycznej konfiguracji twórcy. Do tego potrzebna będzie zewnętrzna czakra.

Energetyczna konfiguracja twórcy

Aby pomyślnie, skutecznie tworzyć w nowej realności, należy koniecznie uzupełnić swoją konfigurację energetyczną. Mimo że posiadamy już znaczny potencjał energetyczny, nie powinniśmy nieustannie kontrolować wymiany energii w strefie tworzonego przez nas wektora emocjonalnego, ponieważ jest to nieracjonalna strata sił i uwagi. Istnieje lepszy, prostszy sposób.

Mowa o stworzeniu dodatkowej, zewnętrznej czakry. Taka energetyczna formacja idealnie odpowiada naszym celom. Dlaczego? Z jednej strony może samodzielnie, bez większych strat, regulować wymianę energii – przecież wiemy, że na znacznej przestrzeni, gdzie przebywa wielu ludzi, ilość potrzebnej i wydzielanej energii dowolnego strumienia jest w zasadzie jednakowa. Z drugiej strony, taka czakra, będąc naszą kontynuacją, zapewnia nam obecność w regulowanej przestrzeni. Czym jest ta zewnętrzna czakra?

Podsumujmy wszystko, co wiemy na temat czakr. Po pierwsze, czakra jest węzłem wymiany energii mogącym, w zależności od położenia w stosunku do skrajnych czakr, w różnych proporcjach wydzielać lub pochłaniać energię centralnych strumieni. Po drugie, czakra to przedłużenie energetycznej struktury człowieka, posiadające stałe odbicie zarówno w obiektywnej, jak i wirtualnej przestrzeni człowieka. Po trzecie, jest szczególnym centrum podtrzymującym równowagę energetyki oddzielnego człowieka i ludzkiej wspólnoty, przede wszystkim jej warstwy egregorialnej.

Wiemy, że czakra pozbawiona jakiejkolwiek obrony, staje się potencjalnym źródłem niebezpieczeństwa – jest narażona na działanie energetycznych pasożytów.

Musimy uniknąć niebezpieczeństwa – powinniśmy stworzyć w przestrzeni zewnętrznej określoną czakrę. Z jednej strony byłaby ona naszym energetycznym centrum i odbiciem, a z drugiej – stałaby się niezależna od naszej własnej energetyki, aby przez nią nikt nie mógł na nas oddziaływać. Jest to możliwe – wkrótce się o tym przekonacie. Na kursach stacjonarnych, w obecności doświadczonego wykładowcy, a raczej przesyłanych przez niego odczuć, rezultat jest stuprocentowy. a teraz – technika.

• *System nawyków DEIR* Stopień 5.

Krok 15. Stworzenie zewnętrznej czakry

Siadamy wygodnie, zamykamy oczy. Całą uwagę skupiamy na wirtualnej przestrzeni naszej świadomości.

Przypominamy sobie (lub wyobrażamy) wyraźny, mocno zarysowany punkt i określamy jego usytuowanie w przestrzeni wirtualnej. Przesuwamy obraz tego punktu do wytworzonej wirtualnej przestrzeni. Gdy obraz punktu już się tam znajdzie, od razu staje się jeszcze bardziej wyrazisty.

Teraz zwiększamy oba centralne strumienie i kierujemy ich energię na punkt. Jego energetyczna objętość jest niewielka i wkrótce pojawi się opór, mimo to kontynuujemy przekaz energii do punktu. Nadejdzie taka chwila, gdy punkt sam zacznie pochłaniać energię.

Teraz, wciąż pozostając w stanie skupienia, otwieramy oczy i wyprowadzamy ten punkt na zewnątrz, do obiektywnej przestrzeni, kontynuując przekaz energetyczny. Do punktu dociera coraz więcej energii, jej pochłanianie staje się coraz silniejsze – i nagle odczuwamy, że punkt dosłownie przebija się do wewnątrz, wydaje się, jakby połykał naszą przestrzeń wirtualną, przestrzeń przechodzi przez niego i, wracając na swoje miejsce, dosłownie odwraca się...

Kilka sekund takiego odczucia – i przestrzeń wirtualna znowu jest na swoim miejscu. A punkt – zniknął!

Teraz jest gdzieś na zewnątrz – wystarczy, że zechcemy zwiększyć strumienie poza sobą, a odczujemy, jak pewien obszar przestrzeni na zewnątrz zaczyna promieniować tą energią! Wspaniale!

Rozważmy samą procedurę. Czakra jest gotowa. Znów muszę Wam pogratulować, ponieważ tylko długa nauka i doskonałe opanowanie DEIR umożliwia stworzenie takiego potężnego i rzadko spotykanego energetycznego narzędzia. Odwracanie wirtualnej przestrzeni to bardzo ważny i niełatwy pod względem logicznym moment stworzenia czakry.

W rzeczywistości wykonaliśmy przyprawiający o zawrót głowy trik: w swojej przestrzeni wirtualnej stworzyliśmy energetyczny węzeł o takiej sile, że sam z siebie zaczyna generować nową przestrzeń wirtualną!

Jeśli bezpośredni kontakt energetyczny Waszego ciała eterycznego z czakrą zostanie utracony, to czakra zachowa podobieństwo z Wami, pozostanie, jak dawniej, częścią Was. Podobnie rzecz się ma z dwoma protonami zrodzonymi z jednej reakcji jądrowej – zachowują pokrewieństwo i jeśli jeden z nich zmienia funkcję falową, drugi też ją zmienia, niezależnie od tego, gdzie się wtedy znajduje. Czakra zewnętrzna też zmienia objętość energetyczną zgodnie z Waszym życzeniem, nawet wtedy, gdy brak bezpośredniego kontaktu energetycznego.

Brak kontaktu energetycznego oznacza, że nikt i nic nie może – poprzez tę czakrę – na Was wpływać. Egregory mogą się bardzo starać, mogą bardzo chcieć to zrobić, próbując przez nią podłączyć się do Was, ale nie uda im się to – po prostu czakra nie będzie w stanie przewodzić, przekazać wpływu egregorów. Będzie pracować wyłącznie dla Was – wedle Waszego życzenia, podporządkuje się tylko Waszej woli, nikomu i niczemu więcej. Na tym obszarze przestrzeni, na którym umieścicie czakrę i zamkniecie ją, będzie pracować, przestrzegając równowagi i kontrolując energetyczną objętość.

Co teraz, po stworzeniu czakry zewnętrznej, pozostaje jeszcze do zrobienia? Dwie sprawy – zamknięcie samej czakry na obszarze przestrzeni, w której będzie kontrolować wymianę, oraz przesunięcie jej tam, gdzie nie będzie rzucać się w oczy. Zauważyliście przecież, że czakra posiada bardzo wyraźne, mocno zarysowane świecące pole. Trudno ją ukryć – rażące światło samo wskazuje jej położenie. Światło, nawiasem mówiąc, jest piękne i w dodatku migocze: czakra zmienia jego intensywność w zależności od stopnia swej aktywności.

Do zamknięcia czakry na jej roboczym obszarze nie potrzeba szczególnego wysiłku – połączcie się z nią za pomocą punktu *ja jestem* i nawiążcie kontakt z biegunami wektora emocjonalnego – najpierw z negatywnym, potem pozytywnym. Natychmiast odczujecie, że wokół niej powstaje potężna i harmonijna cyrkulacja energii, że znikają wszystkie zawirowania i turbulencje rodzące się czasami same z siebie w strefie emocjonalnego wektora.

Oprócz tego czakrę wykorzystamy z łatwością w celu rozwiązania wielu problemów, np. żeby zapewnić energetyczne doładowanie komuś bliskiemu będącemu w trudnej sytuacji, w przypadku gdy potrzebuje wsparcia, gdy czuje spadek sił. Czakra jest także pomocna podczas pracy w audytorium przed sporą liczbą słuchaczy, pomaga podczas uzdrawiania... Wszystkiego nie da się zliczyć. Sami dowiecie się wszystkiego i wszystko zrozumiecie, gdy nauczycie się pracy z czakrą. Odkryjecie mnóstwo możliwości jej zastosowania – i będą to tylko Wasze, wyłącznie Wasze możliwości. Dlatego nie będę pozbawiał Was przyjemności samodzielnego odkrywania wszystkich dziedzin zastosowania czakry – to już należy do sfery własnej twórczości, w której żadni nauczyciele i mentorzy nie są potrzebni. Dlaczego? Ponieważ człowiekowi, który osiągnął w swym rozwoju poziom energetycznej konfiguracji twórcy, żadni mentorzy nie są już potrzebni. Jesteście twórcami! Jesteście, w pierwszym rzędzie, twórcami samych siebie i swoich nowych możliwości i zdolności. A możliwości Waszej twórczości tak naprawdę są nieprzebrane, niewyczerpane i nieskończone. Najważniejsze – idźcie śmiało i niczego się nie obawiajcie, cały świat ściele się u stóp.

Teraz słów kilka o tym, jak schować zewnętrzną czakrę. Przecież to chyba niezbyt wygodne, gdy wyrazisty obiekt energetyczny dynda tuż obok Was. Przyciąga uwagę otoczenia, a ludziom znającym się na rzeczy zawsze coś o Was powie, dodatkowo zwraca uwagę nawet tych, którzy nie postrzegają aury... Żeby w dosłownym tego słowa znaczeniu „nie świecić" tam, gdzie nie trzeba, należy przesunąć zewnętrzną czakrę do jakiegoś przedmiotu i w nim ją zostawić. Czakra będzie pracować gdziekolwiek, nawet nie powinna znajdować się w bezpośredniej bliskości celu. Użyjcie wyobraźni, wybierzcie dowolny przedmiot, który Wam się spodoba, nawet zupełnie nieoczekiwany – od kamienia w lesie poczynając, a na wierzchołku drzewa kończąc. Każde nierzucające się w oczy i stabilne miejsce będzie odpowiednie.

Gratuluję! Opanowaliście, z jednej strony, złożone (ponieważ dotyczą niezbadanych obszarów rzeczywistości), ale z drugiej – proste (ponieważ są już całkowicie Wam dostępne, przeszliście przecież poprzednie stopnie DEIR) techniki drugiego etapu piątego stopnia. Umożliwiają one w naszym świecie tworzenie czegoś no-

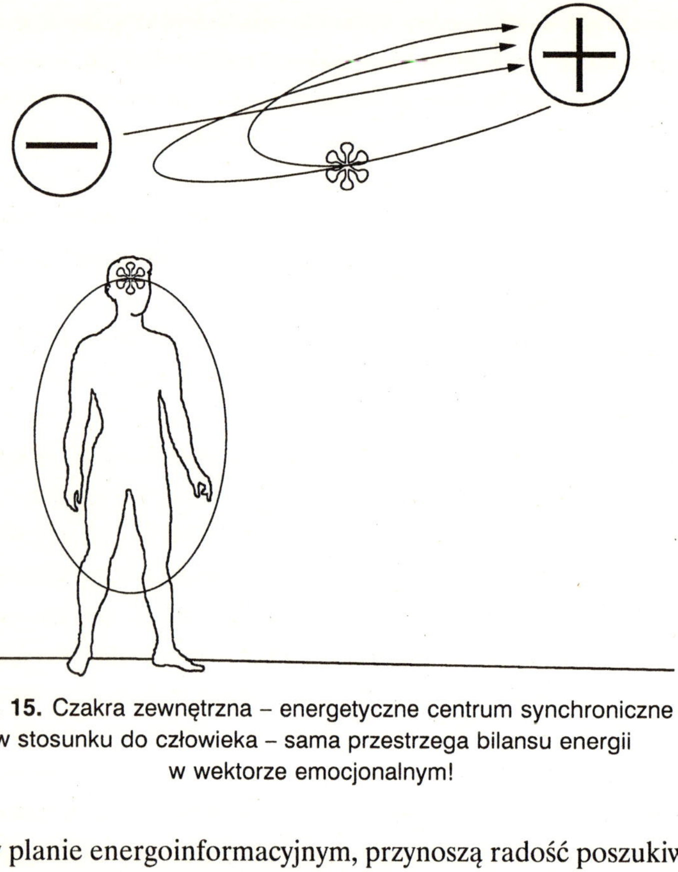

Rys. 15. Czakra zewnętrzna – energetyczne centrum synchroniczne w stosunku do człowieka – sama przestrzega bilansu energii w wektorze emocjonalnym!

wego w planie energoinformacyjnym, przynoszą radość poszukiwania i tworzenia, aktywizują umysł ludzkości do parcia naprzód w opanowaniu tego, co niezbadane.

Cieszę się z całego serca z Waszego sukcesu! Bycie twórcą oznacza prawdziwe życie i prawdziwą radość. Jednak jest to także odpowiedzialność. Odpowiedzialność, której nie powinniście się lękać. Ona powinna Was cieszyć, ponieważ macie wystarczająco dużo siły, wiedzy i umiejętności, żeby godnie nieść jej brzemię. Posiadacie wystarczającą ilość wiedzy, siły i umiejętności, żeby zmieniać życie swoje i wielu innych ludzi. To wielki dar, na który zasłużyliście i który pozwala odkrywać, wnosić do życia nowość, tworzyć szczęście dla siebie i innych. Rozporządzajcie tym darem w taki sposób, żeby przyniósł jak najwięcej dobra.

Za chwilę podam jeszcze kilka, moim zdaniem, ważnych rad. Na razie jednak czas na wnioski.

Najważniejszą czakrą twórcy jest centrum energetyczne łączące energetyczną cyrkulację w tworzonym obszarze realności. Centrum upośrednia (równoważy) wpływ twórcy w nowo tworzonej przestrzeni. Zapewnia harmonię, stabilność i rozwój tworzonego obszaru. Centrum posiada o wiele większe możliwości, a te wskazane przez nas należą do jednych z najważniejszych.

Rady na Drogę

Co jest początkiem Drogi, od czego wszystko się zaczyna? Od myśli, działania, sennego widzenia?

Tak czy inaczej, weszliście już na Drogę. Teraz najważniejsze – to utrzymać się na niej. Iluż ludzi traci szansę wejścia na Drogę wiodącą ku prawdziwemu życiu, zerwania z pustą wegetacją codziennej realności! Droga wzywa wielu – ale tylko jednostki po niej kroczą. Dlaczego? Bardzo wielu ludzi nie chce uczynić nawet najmniejszego wysiłku w celu kontynuowania rozwoju. Mnóstwo ludzi sądzi po prostu, że to zbyt trudne, że to za daleko: brakuje im odwagi, uporu, pragnienia, żeby cokolwiek uczynić dla siebie.

Co zrobić, żeby to, co zaczęliście, nie przepadło w rutynie codzienności? Jak nie pozwolić zgasnąć zapalonej gwieździe? To bardzo ważne pytania. Najważniejsze. A odpowiedzi musicie poznać teraz, gdy opanowaliście mnóstwo technik i jesteście doskonale przygotowani do urządzenia życia zgodnie ze swoją wolą. Przecież wiedza sama w sobie i użycie technik nie oznacza jeszcze, że będziecie trzymać się Drogi, że nigdy z niej nie zejdziecie. Techniki można stosować do osiągnięcia najróżniejszych celów – i dużych, i małych. Można je wykorzystać do polepszenia swego codziennego życia, do tego, żeby było bardziej interesujące. Jeśli to Wam wystarcza, na tym chcecie poprzestać, dalsze czytanie nie ma sensu.

Jednak jeśli mówimy o tworzeniu nowego, o wyjściu w inną przestrzeń energoinformacyjną, o zbudowaniu nowej realności z nowymi prawami, o tworzeniu uzupełniającego, dodatkowego sensu życia dla siebie i innych – jeśli czujecie tego natychmiastową potrzebę, jeśli już nie potraficie żyć tak, jak dawniej – czytajcie dalej. Wszystko, co tu zostanie powiedziane, jest przeznaczone właśnie dla Was. Uważnie prześledźcie przedstawione informacje – z nich wyprowadzono podstawowe reguły podążania Drogą.

Pierwsza reguła wiąże się z tym, żeby wyraźnie określić swój stosunek do starego, które pozostało w naszym życiu, i nowego, które się w nim pojawia. Nowe – to znaczy nowy poziom energoinformacyjny realności, nowy wymiar, w którym tworzymy nowe życie utworzone przez nas w ramach emocjonalnego wektora w jego rozwoju i prawdziwości. Jednak nowa realność wcale nie likwiduje tego starego, co jest w naszym życiu: ani obecnych w niej ludzi, ani wcześniejszych potrzeb i funkcji. Nikt np. nie neguje konieczności otrzymywania pensji, uiszczania opłat za mieszkanie, zapewnienia dzieciom i starszym członkom rodziny pożywienia, troszczenia się o nich czy poświęcenia uwagi przyjaciołom.

I tu może wkraść się pewien błąd. Często bywa tak, że nie potrafimy rozdzielić starego od nowego, wymagamy od starego tego, czego dać nam nie może. Chcemy np., żeby nasi bliscy i przyjaciele też szli naszą drogą, żeby interesowali się tym, czym i my się interesujemy, oraz żeby z zapałem uczyli się technik energoinformacyjnych. Jeśli nie chcą iść za nami, to wyrzekamy się ich albo sami zatrzymujemy się w rozwoju. Oba postępowania są błędne.

Bywa tak, że człowiek przestaje poruszać się po Drodze, ponieważ nie ma nowych potrzeb, pozostał przy swoich starych wymaganiach, zadowalają go i wydaje się, że już mu więcej niczego nie potrzeba. W tym przypadku przypominamy człowieka, który całe swoje życie żył w nędzy, a możliwość kupienia butelki piwa uważał za wielkie szczęście. Marzył o dniu, w którym wreszcie się wzbogaci i będzie mógł pić, ile dusza zapragnie. I oto wzbogacił się, ma pełną lodówkę piwa, piwem zapełnił nawet piwnicę, a wypił już tyle, ile ktoś inny nie wypiłby przez całe swoje życie... Do czego miałby jeszcze dążyć w życiu?... Wtedy z tęsknotą wspomina czasy, gdy miał jeszcze marzenie – napić się do woli. Teraz marzenia już nie ma i życie zrobiło się nudne. Człowiek ten posiada ogromne możliwości, jednak to do niego nie dociera, nie rozumie, trzyma się starego, nie widzi nowego – tego, co mogłoby zjawić się w jego życiu. To może być duży problem. W tym przypadku sam człowiek, a właściwie jego ograniczoność, jest przyczyną zatrzymania się na nowej drodze.

Jak mamy się zachować w stosunku do starego, a jak do nowego? Odpowiedź jest prosta: w żadnym wypadku nie wyrzekajmy się starego, ale nie ciągnijmy go za sobą w nowe życie. Po swojej Drodze idziecie w pojedynkę, samotnie, nie zapominajcie o tym. Wytyczacie Drogę. Inni ludzie mają inne drogi. Dlatego idźcie spokojnie tą swoją i nie zrywajcie ze starym, ale też nie próbujcie taszczyć go za sobą do nowego życia.

Sprawia Wam to trudność? W rzeczywistości potrzebny jest tylko trening i przyzwyczajenie. Najważniejsze, co musicie zrozumieć: nie można stawiać w stosunku do starego kolejnych żądań – wymogów związanych z nowym życiem. Przypomnijcie sobie – to, co osiągnęliście, było dla Was ważne tak po prostu, bez żadnej przyczyny, jeszcze zanim pojawiły się nowe możliwości. Zachowajcie zatem ciepły stosunek do tego starego, co jest teraz, jednak nie wymagajcie tego, co niemożliwe. Podam przykład. Bardzo kochaliście swojego pieska, troszczyliście się o niego. Aż tu nagle zapragnęliście poważnie zająć się skokami spadochronowymi. Tak bardzo Was to wciągnęło, że postanowiliście przyuczyć do skoków swojego psa – przecież go kochacie i on też Was kocha. Jeśli pies nie zechce skakać ze spadochronem, to po prostu wyrzucicie go na śmietnik. Śmieszne? Pomyślcie jednak, jak często zachowujemy się właśnie w ten sposób w stosunku do naszych bliskich. Jeśli mnie rozumiesz i podzielasz moją nową pasję, będę z tobą w kontakcie, a jeśli nie – do widzenia, koniec przyjaźni. Po co to? Nasi bliscy nie są winni temu, że oprócz nich mamy jeszcze marzenia. Przecież pokochaliśmy ich tak po prostu, jako zwyczajnych ludzi, nie pokochaliśmy ich pod warunkiem, że zaczną się intensywnie zmieniać w ludzi tak świadomych, jak my.

Kroczycie Drogą, która jest Wasza i tylko Wasza. Nie ciągnijcie za sobą wszystkich przyjaciół, krewnych i znajomych – oni mają swoje życie, swoją drogę, dajcie im więc możliwość wyboru, jak mają żyć. Nie należy się gniewać na ukochaną żonę, że nie osiągnęła tego, co Wy, że nie wzniosła się na wyższy poziom ewolucji. Spójrzcie, jaka jest dobra: czyści buty, gotuje obiady. Przecież pokochaliście ją wtedy, gdy nie mieliście jeszcze pojęcia o czakrach. Nie pokochaliście jej dlatego, że zakładaliście zawczasu, iż będzie podzielać Wasze zainteresowania – poszukiwania w sferze energoinformacyjnej. Zatem kochajcie ją taką, jaka jest, nie wymagajcie od niej niemożliwego. Jeśli jednak naprawdę tak się zdarzy, że zupełnie nie możecie być razem, to nowa realność energoinformacyjna sama wniesie niezbędne zmiany do Waszego życia...

Stąd wynika pewna prawidłowość: na początku drogi koniecznie trzeba sobie uświadomić, czym jest nowe, a czym stare. Ważne, by nie zaprzestać ruchu naprzód, ale także nie stracić tego, co już osiągnęliśmy, co jest nam drogie, bliskie.

Rys. 16. Człowiek przypomina drzewo mające swój początek w ziemi, rosnące od korzenia ku górze. Idąc naprzód, szanuje to, co dawne. Korzenie nie mogą chłonąć światła, korona nie wchłania minerałów... Całość jest wspaniała.

Początek nowego w naszym życiu – to granica, po przekroczeniu której wciąż należy kochać stare. Jednak oczekiwanie od starego zalążków nowego i zniewalanie kogoś, kto do nowego nie jest przystosowany – to beznadziejna sprawa mogąca zgubić Was i Waszych bliskich. Wasza Droga jest tylko Waszą sprawą. Nie możecie zmusić innych do tego, żeby przyjęli Waszą nową realność i podzielali ją z Wami. Kontaktujcie się ze swoimi bliskimi na poprzednim poziomie, ale w duszy nie zdradzajcie nowego. To wystarczy. W ten sposób zachowacie się jak mądrzy, dojrzali ludzie, a nie dzieciątka, dla których tak ważne jest potwierdzanie się w oczach innych, które wciąż chcą demonstrować, jak wiele umieją, mogą, znają i rozumieją. Przecież doskonale zdajecie sobie sprawę, jak wiele znacie i rozumiecie. Po co kłuć tym ludzi w oczy.

To pierwsza ważna reguła.

Druga reguła – to konieczność przyjęcia na siebie odpowiedzialności. Gdy zaczynasz tworzyć nowe, powinieneś rozumieć, że tylko Ty ponosisz za to odpowiedzialność. Nie ma nikogo innego, kto mógłby zrobić to, co powinieneś zrobić Ty. Nie ma nikogo, kto by się o to zatroszczył. Nawet wtedy, gdy tworzysz dobro nie tylko dla siebie, ale także dla całego świata, to nie świat, a Ty sam odpowiadasz za to, żeby to dobro pozostało dobrem. Ty musisz zadbać, żeby dobro nie przekształciło się w swoje przeciwieństwo, żeby realizowało się w harmonii ze światem, żeby zawierało niezbędną czystość i siłę. Tylko nie bójcie się słowa „odpowiedzialność". Zrozumcie, że odpowiedzialność nie jest brzemieniem, które ktoś złożył na Wasze barki. To wybór dobrowolny, największa radość, jakiej człowiek może doświadczyć: sam dokonał wyboru, sam znalazł swoją drogę, kierował się nakazem swojego serca, nikt na niego nie wywierał nacisku. Teraz z radością idzie po drodze wybranej samodzielnie, miłej sercu i z radością bierze na siebie odpowiedzialność za wszystko, co go na tej drodze spotyka.

Przytoczmy porównanie. Przypuśćmy, że w dzieciństwie mama zmuszała Was do uprawiania jazdy figurowej na lodzie, a Wy marzyliście o hokeju. Jednak ćwiczycie jazdę figurową – zajmujecie się tym, co narzucone i, rzecz jasna, nie chcecie brać odpowiedzialności za to, co tam się z Wami dzieje. Upadliście, zdarliście sobie skórę, czujecie ból – oczywiście, zawiniła mama, to wszystko przez nią; obrażacie się, podnosicie krzyk, lamentujecie i płaczecie. Wtedy mama postanawia machnąć na wszystko ręką i mówi: „Dobrze, rób, co chcesz". Wreszcie możecie grać w hokeja. To już Wasz własny wybór – z radością suniecie po lodzie za krążkiem, gonicie go, z radością przyjmujecie odpowiedzialność za wszystko, co tam się dzieje. Gdy nabawicie się kontuzji (ból większy niż przy zdartej skórze), mężnie zaciśniecie zęby, wcale nie płaczecie – jesteście gotowi znieść wszystko, byleby tylko móc realizować swe marzenie; nie macie też kogo winić – sami dokonaliście wyboru i sami za niego odpowiadacie. Samemu należy wybrać i wziąć za to odpowiedzialność.

Podobnie jest z Drogą – tylko Wy możecie ją wybrać, tylko Wy możecie stworzyć na niej nowe, tylko Wy możecie obserwować kierunek, w jakim podąża tworzona przez Was przestrzeń. Jedynie Wy możecie nadzorować tę przestrzeń – jak własne dziecko. Stworzyliście swoją planetę w energoinformacyjnym kosmosie, zapaliliście swoją gwiazdę – zatem troszczcie się o nią, pilnujcie jej czystości – kto, oprócz Was, miałby to robić?!

To druga ważna reguła.

Trzecia reguła – to konieczność uwolnienia się od strachu przed zbliżającą się perspektywą wzrostu. Prawdziwa Droga zawsze zapowiada wielkość. Taka Droga zawsze powoduje olbrzymie zmiany, gigantyczny wzrost nowego w życiu. Nigdy nie ograniczajcie wzrostu pozytywnego bieguna. Jeśli poczujecie wielką perspektywę wzrostu, lepiej poprawić pozytywne centrum w celu umożliwienia maksymalnego rozwoju „nowo narodzonemu". W żadnym wypadku nie wolno wtedy się wstydzić. Jeśli chcecie poprzestać na kosmetycznych, małych zmianach w swoim życiu, nie wstępujcie na Drogę, do tego wystarczy użycie prostych technik. Jeśli już weszliście na Drogę – bądźcie gotowi na wielkie zmiany. Gdybyście się w pewnym momencie przestraszyli i poczuli, że skala zmian jest zbyt duża, będziecie podobni do matki, która bojąc się, że dziecko rośnie zbyt szybko, postanawia zastopować jego wzrost, zakuwając dziecko w drewniane dyby. Wtedy z dziecka wyrośnie potwór. Czy to jest Wam potrzebne? Nie! Potrzebujecie czegoś pięknego, dużego, nieprawdopodobnego w swej wspaniałości i sile. I dostaniecie – jeśli nie przestraszycie się skali tego, co się będzie działo.

To trzecia ważna zasada.

Jeśli będziecie pamiętać o tych trzech zasadach i zastosujecie je w praktyce, macie gwarancję skutecznego, pomyślnego rozwoju. Dzięki temu uda się nie niszczyć swojego życia pod naporem wkraczającej do niego nowej realności.

Pamiętajcie jeszcze, że podążanie Drogą wcale nie oznacza, iż przestaniecie korzystać z całego arsenału nawyków używanych do osiągnięcia zwykłych celów w codziennym życiu. Możecie np. wykorzystać programy drugiego i trzeciego stopnia dla osiągnięcia celów etapowych, wykorzystując mechanizmy energoinformacyjne. Jest to możliwe, ponieważ naszej wędrówce po Drodze wciąż towarzyszy mnóstwo codziennych spraw: konieczność nabycia pewnych rzeczy, płacenie podatków, kontakty z urzędnikami, sprawy zawodowe. W tym wszystkim potrzebne nam jest powodzenie, sukces i wsparcie społeczności. Przecież społeczeństwo często sprzeciwia się nowemu. A my posiadamy arsenał, który nas wspomoże. Pomocna w oddzielnych obszarach okaże się znana technika ożywienia przedmiotów. Konieczność pracy z karmą też nie należy do przeszłości! Nie obawiajcie się okresowego nawrotu starych kompleksów – to normalne, świadczy o prawdziwym kroczeniu naprzód po Drodze. Im dalej się posuwacie, tym bardziej zaczną się wyłaniać głębinowe kompleksy, a to oznacza, że można zacząć nad nimi pracować. Wykorzystajcie znane nawyki pracy z karmą w celu korekty i likwidacji tych kompleksów. Jeśli tego nie zrobicie, kompleksy mogą przeszkodzić w realizacji marzeń. Nie zapominajcie również o posługiwaniu się znanymi z praktyki DEIR metodami uzupełnienia własnego zapasu energetycznego i otrzymania dodatkowej energii!

Krótko mówiąc, nie żałujcie wysiłku i starań. Wiecie dużo i skutecznie korzystajcie z tej wiedzy. Powinniście zrobić wszystko, co możecie, dla własnego dobra i dobra tworzonej przez Was nowej realności. Wykorzystujcie posiadany arsenał umiejętności, dowolne nawyki, dołóżcie wszelkich starań – wszystko to w pełni się opłaci. Nienadaremnie przecież pracowaliście tak długo, nie na darmo opanowaliście ogromną i dostatecznie trudną wiedzę – poradziliście sobie, wywiązaliście się z realizacji zadania. Teraz możecie już przezwyciężyć każdy problem. Jesteście twórcami – pamiętajcie o tym. A to oznacza, że jesteście wolni, potężni, że praktycznie nie istnieją granice, których nie moglibyście przekroczyć – horyzont, za który nie moglibyście zajrzeć, nad który nie moglibyście się wznieść, że możecie pokonać każdą przeszkodę. Nie macie się czego bać. Kroczcie przez życie śmiało i swobodnie. Twórzcie, radujcie się i nieście radość innym, wnoście do świata światło, siłę i czystość. To jest właśnie szczęście.

Żeby droga pozostawała drogą i żeby nie stracić tego, co już osiągnęliśmy, musimy tylko umieć odczuwać potrzeby starego i nowego w życiu, troszczyć się o to, co tworzymy i nie ograniczać jego wzrostu. Nowe jest Waszym dzieckiem. Troszczcie się o nie, kochajcie je. Wtedy wszystkie siły świata będziecie mieć po swojej stronie, cały świat będzie z Wami.

Wspólne tworzenie świata

Oto zbliżamy się do końca naszego podręcznika. Mam nadzieję, że pomoże on Wam w rozwoju, przekształcaniu życia, w tworzeniu nowego na świecie. Czuję Wasz ciepły odzew, czuję, jak zmienia się świat – bardzo szybko i pod wieloma względami – dzięki Wam, moi drodzy Czytelnicy.

Wiemy już bardzo dużo. Opanowaliśmy niezawodne metody umożliwiające tworzenie dosłownie *czegoś – z niczego*, oświecające cel, metody pozwalające znaleźć ścieżkę tam, gdzie jej nie było. To prawdziwy przełom – przebicie się do nowego Wszechświata, do którego człowiek wcześniej nie dotarł i do którego ludzki umysł tęsknił całe tysiąclecia. Zrobiliśmy krok ku prawdziwemu istnieniu, wytyczyliśmy drogę w przestrzenie prawdziwego życia – przerwaliśmy to żałosne istnienie, w ramach którego człowiek żył w więzieniu zwanym ludzką wspólnotą. Precz z więziennymi kratami! Przed nami niekończące się przestrzenie wspaniałego, wielkiego, prawdziwego Istnienia.

Człowiek, rzecz jasna, zawsze wyrywał się ku nowemu, zawsze uczestniczył w tworzeniu i rozwoju otaczającego go świata. Ludzie odkrywali prawa rządzące przyrodą, tworzyli język, dzieła sztuki, instytucje socjalne, naukę, różne techniczne przyrządy i urządzenia... A jednak więzienie, ta ciemnica ludzkiej wspólnoty, zawsze były obecne – odrzucały niezrozumiałe, złożone, trudne, przydając szerokie zastosowanie tylko temu, co mogło mieć znaczenie praktyczne... Świat mimo to rozwijał się, stawał bardziej złożony. Rozumienie świata przez człowieka także się pogłębiało. Tak, entropia świata rosła, ale rosło także jego informacyjne nasycenie – powiększała się świadomość wspomagająca świat.

Rozwijała się świadomość człowieka, rozwijała się świadomość całej ludzkości, rozwijała się świadomość świata – świadomość Boga. Człowiek zawsze aktywnie kroczył tą drogą.

Okazuje się, że nasz podręcznik niczego w zasadzie nie zmienił na drodze ludzkości – po prostu zrobił to, co dawno już powinno być zrobione: pokazał prawidłowości i metody świadomego tworzenia nowego, przy czym samo tworzenie przebiega już na nowym etapie ewolucji. Nie jest to tworzenie „na ślepo", gdy człowiek odkrywał nowe socjalne wartości i – po części z ciekawości, po części zaś powodowany dążeniem do przeżycia oraz pożądliwością – osiągał je, przecierając szlak dla siebie i tych, którzy podążali w tym samym kierunku.

Nasz podręcznik zawiera metody świadomego tworzenia nowego w świecie, budowania realności na nowym, ewolucyjnym etapie ludzkości, dlatego pojawił się właśnie teraz, kiedy potrzeba przejścia na wyższy etap stała się kwestią palącą, nakazem chwili.

I chociaż każdy z tworzących nowe czyni to sam, z własnej inicjatywy, tworzy jednocześnie nowe także dla świata, dla rozwoju jego świadomości oraz dla ludzi żyjących w tym świecie. Jeśli nie znajdzie się nikt, kto może taki dar otrzymać, wtedy sam dar nie jest nikomu potrzebny, tak jak niepotrzebny jest słodki owoc, jeśli nie ma go kto skosztować. Twórczość zaczyna się samodzielnie, ale jej kontynuacja przebiega już wspólnie.

Wspólne tworzenie, to tworzenie z innymi ludźmi, ze świadomością świata – z Bogiem.

Nie mogę nic powiedzieć i nie będę mówił na stronach tej książki o całym spektrum tego rozumienia świata, które stoi otworem przed człowiekiem tworzącym. Nie będę mówić o poziomie cudów zmienianych w realność przez człowieka tworzącego. Wszystko to powinniście odkryć sami. Gdy tego dokonacie, moje słowa nie będą już potrzebne.

Teraz chciałbym podzielić się z Wami czymś innym. We wspólnej twórczości bardzo istotne jest to, by piękno nowego zostało zauważone także przez innych, żeby doświadczył go nie tylko twórca. Twórczość, której nikt nie zauważa, jest pozbawiona sensu. Pamiętajcie o ludziach wokół.

Nie oznacza to wyjaśniania wszystkim tego, co się dzieje, szczególnie wtedy, gdy kogoś zupełnie to nie interesuje. Rzucanie pereł przed wieprze nie tylko nie przynosi korzyści, ale jest wręcz szko-

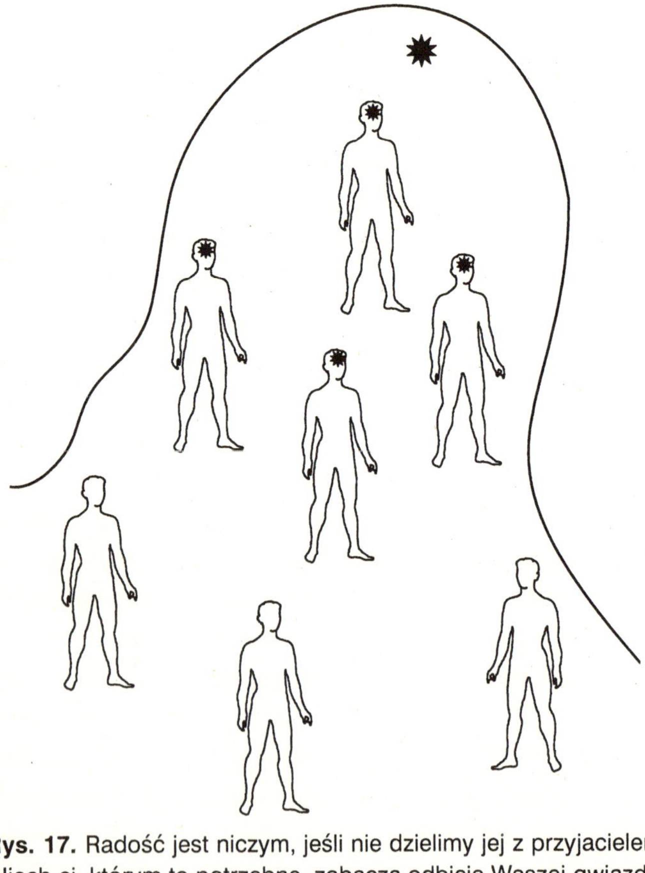

Rys. 17. Radość jest niczym, jeśli nie dzielimy jej z przyjacielem. Niech ci, którym to potrzebne, zobaczą odbicie Waszej gwiazdy.

dliwe. Objaśniajcie innym zasady istnienia nowego poprzez działania, po prostu tworząc nowe. Czasem można wyjaśnić coś słowami – temu, kto faktycznie jest tym zainteresowany, kto szczerze chce iść w Wasze ślady. Takim ludziom nie odmawiajcie odpowiedzi na pytania. Niech ten, kto pyta, otrzyma odpowiedź. Jednak nigdy nie wszczynajcie rozmów na temat cenionych przez Was wartości z człowiekiem, który niczego nie chce słyszeć, któremu nie są potrzebne Wasze objaśnienia. Chrońcie się i oszczędzajcie – nie traćcie sił i czasu na takich ludzi.

Nic na siłę – jeśli ktoś nie dojrzał do tego, co robicie, puści wszystko mimo uszu. Jednak każde nowe tworzenie wymaga wsparcia przyjaciół. Zatem niech chociaż część działań będzie zrozumiała dla Waszych bliskich, dla tych, którzy są Wam drodzy, niech tacy ludzie wiedzą, co robicie. Życzę, byście zawsze znaleźli siły, by wesprzeć radą tego, kto jej rzeczywiście potrzebuje, żeby pokazać mu nowe horyzonty. Przecież tak dużo wiecie, tyle potraficie! Na pewno znajdziecie ludzi sobie podobnych. Jeśli spotkacie człowieka bardziej doświadczonego – jego uwaga i rada dodadzą sił. To pewne – znajdziecie tych, którym jesteście potrzebni i którzy są potrzebni Wam, z kim będziecie budować nową realność.

Pamiętajcie, że, w rzeczy samej, nikt na świecie nie jest samotny. Może po prostu do tej pory nie spotkaliście jeszcze tego, kto myśli i czuje tak jak Wy. Zawsze jest ktoś jeszcze – jeśli idziecie po Drodze. Niech jak najszybciej dojdzie do szczęśliwych spotkań. Niech towarzyszy Wam dobro i szczodrość serca. Podarujcie ludziom radość.

ZAKOŃCZENIE

Zapoznaliście się już z nowym podręcznikiem. Dziękuję, moi drodzy Czytelnicy, za to, że jesteście, że podążacie naprzód, ku horyzontom Wszechświata.

Nie ma potrzeby, bym wychwalał życie, które dla siebie odkrywacie, żebym mówił o jego zaletach, o jego wyższości. Obywatel Wszechświata nie rozmienia chwili istnienia na drobiazgi, puste starania, zabiegi i szamotaninę – nie goni za pieniędzmi, luksusem czy władzą. Sami dla siebie jesteście całym światem tworzonym w każdej sekundzie. Sami dla siebie jesteście twórcami budującymi swoje życie w oparciu o inne, wyższe prawa. Ileż piękna w Waszym życiu, w twórczości, w blasku zapalonej gwiazdy, w tym wielkim i wspaniałym wymiarze, w którym wszyscy istniejemy! Człowiek w swej istocie jest wielki duchem, wolny i wspaniały. nie istnieją dla niego granice.

Wielu spraw jeszcze nie poruszyliśmy. Nie mówiliśmy o strukturze ludzkiej świadomości, o jej oddziaływaniu ze zbiorową nieświadomością. Nie rozmawialiśmy o innych światach dostępnych ludzkości, o możliwości kontaktu z bliższymi i dalszymi światami, o przeniesieniu świadomości na innych, o wielowarstwowości światów... Przed nami jeszcze wiele tematów do rozmów, przemyśleń, praktycznego opanowania. Temu będzie poświęcona następna książka, która zamyka cały cykl. Dlatego nie żegnam się z Wami. Znowu się spotkamy.

Życzę Wam siły, twórczości i szczęścia.

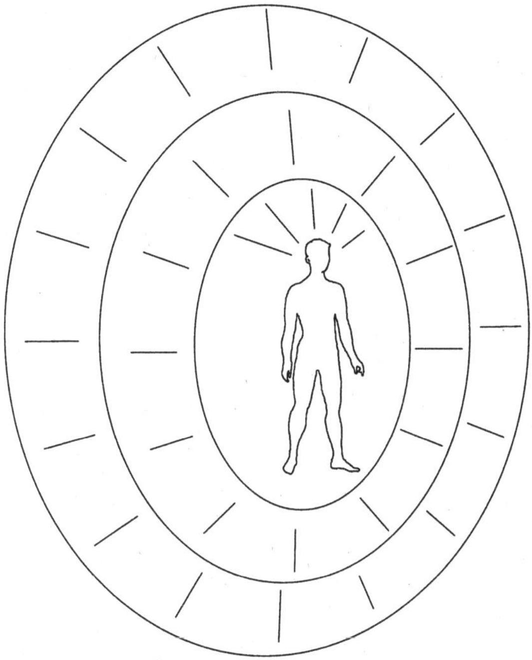

Rys. 18. Światło umysłu człowieka tworzy jego Wszechświat i jego drogę. Świadomość jest nieskończona.

SPIS TREŚCI

SZAMAN
To Twój miesięcznik!
...leczy ciało i duszę
UKAZUJE SIĘ OD 1990 R.
medycyna niekonwencjonalna
jak żyć w zgodzie z naturą
ćwiczenia dla poprawy zdrowia
bioterapia
targi zdrowia
porady
horoskop
www.redakcjaszaman.webpark.pl
tel. (032) 257-15-90
40-049 Katowice
ul. Kościuszki 19

KOS

Wydawnictwo KOS
40-110 Katowice, ul. Agnieszki 13
Tel./fax (032) 2584-045; tel. (032) 2582-648, (032) 2582-720
e-mail: kos@kos.com.pl http://www.kos.com.pl

Zamówienia przyjmujemy pocztą, telefonicznie i przez Internet

Dimitri Wereszczagin
Wyzwolenie. DEIR I

„Otwierając tę książkę uzyskacie szansę na zmianę swego życia przez wyjście na nowy poziom ewolucji. Przyniesie ona zrozumienie prawdziwej przyczyny zdrowia i wszystkich chorób, ludzkiego postępowania i kolei losu. Uwolnicie się od wpływów wielkich energetycznych pasożytów manipulujących ludźmi i zmuszających ich do autodestrukcji. Pamiętajcie, by nie krzywdzić istot na niższym poziomie rozwoju. Okażcie im współczucie i pomóżcie im. Przed wami stoją wielkie cele – odkrycie nowego świata i poszukiwanie w nim miejsca dla siebie. Uzyskacie zdolność uzdrawiania. Ten dar przyjdzie do każdego".

Dimitri Wereszczagin
Kształtowanie. DEIR II

Czytając pierwszą książkę i poznając metody DEIR pierwszego stopnia, uczyliście się pracować ze swoją energetyką. Potraficie zauważać oddziaływania energetyczne z zewnątrz i chronić się przed nimi. Możecie zdiagnozować stan energetyki innych osób. Nauczyliście się uwalniać od patologicznych połączeń. Rzeczywiście, dokonaliście już bardzo wiele. Ale wasza droga do wolności jeszcze nie dobiegła końca. Pewnie też to odczuwacie – świadczy o tym pewien wewnętrzny dyskomfort. To oznacza, że przyszedł czas na kontynuację nauki. Czeka was nowy etap. Teraz musicie nauczyć się umiejętnie kształtować swoje nowe cele oraz tworzyć wewnątrz siebie programy sukcesu, powodzenia, dobrobytu, zdrowia, pewności, harmonii ze światem i wolności. Nauczycie się również pracy z karmą. Wszystko to jest tematem tej książki.

Dimitri Wereszczagin
Oddziaływanie. DEIR III

Po opanowaniu metod pierwszych dwóch stopni DEIR, zawartych w poprzednich książkach, postrzegacie o wiele więcej w porównaniu ze zwyczajnym człowiekiem. Można was porównać do człowieka ze zdrowymi oczami w kraju ślepców, chodzącego o własnych siłach w kraju inwalidów lub do wykształconej osoby, która trafiła do plemienia dzikusów. Owszem, tamci mogą być od was silniejsi. Lecz siła człowieka tkwi w umyśle, rozumowaniu i zdolnościach przewidywania wydarzeń, a nie w mięśniach. Umysł łatwo zwycięży prymitywną siłę – podobnie i wy, uzbrojeni w nowe możliwości, będziecie usuwać ze swojej drogi wszystkie przeszkody. Wasze cele są wyższe, ponieważ stanowią cele człowieka wolnego. Nie musicie być uzależnieni od głupich i śmiesznych przeszkód oraz bezsensownego zamieszania. Wystarczy nauczyć się najprostszych technik – i w przyszłości, całkowicie automatycznie, wszystko będzie się odbywało zgodnie z waszymi pragnieniami.

Dimitri Wereszczagin
Dojrzałość. DEIR IV

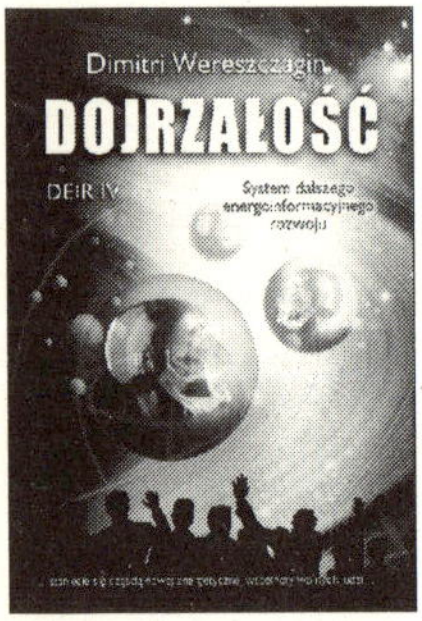

Autor książki, Dimitri Wereszczagin, proponuje Czytelnikom opanowanie unikalnych metod, które umożliwią zespolenie duszy człowieka z jego świadomością i ciałem eterycznym. Takie zjednoczenie pozwala odkryć w sobie źródło nieograniczonej siły, zdolności twórczych oraz otwiera dostęp do intuicyjnych danych.

Twórczość, intuicja i siła są tym, co określa dojrzałość człowieka i pomaga mu urządzić życie według swych pragnień. Człowiek dojrzały otrzymuje to, czego jest godzien, staje się niezależny od ciała fizycznego. Do Waszej dyspozycji zostały oddane potężne radykalne metody:

- uświadomienie duszy,
- uduchowienie świadomości,
- rozgałęzienie świadomości,
- połączenie się świadomości z centralnymi strumieniami,
- zjednoczenie duszy, świadomości i ciała eterycznego.

Dimitri Wereszczagin
DEIR 5. Pewność (etap I)

Nowa książka Dimitrija Wereszczagina zajmuje się jednym z ważniejszych problemów – w jaki sposób nie zagubić się w nurcie życia. Można próbować iść przebojem, na przekór trudnościom, ale po co niepotrzebnie się męczyć? Istnieje inny sposób. Gdy dostrzeżemy reguły, rządzące zdarzeniami codziennej rzeczywistości i zrozumiemy tendencje światowego potoku, nie będziemy już marnować czasu i sił, próbując uchronić się przed tym, co nieuniknione. Nie będziemy sztucznie tworzyć przeszkód na swojej drodze i zaczniemy pewnie kierować swoim losem.

Dimitri Wereszczagin

DEIR 5. Mądrość (etap II, część 1)

Sensem życia jest tworzenie, pomnażające radość i dobro. Można się tego nauczyć, przyswajając poniższe zagadnienia:

- wykorzystanie emocjonalnej woli,
- techniki tworzenia emocjonalnych wektorów,
- metody odkrycia siły myśli człowieka,
- praktyki zmiany biegu wypadków,
- techniki życia twórcy,
- budowa energetycznej konfiguracji twórcy,
- praktyka poznawania drogi,
- stworzenie psychicznego typu twórcy.

KOS